Calme
Apaisez votre esprit, changez le monde.
Michael Acton Smith
Pygmalion

À la recherche d'une vie plus calme

Nous souhaitons tous acquérir le mental qui nous permettra de rester calme au volant ou dans les transports, quand nous nous rendons au travail le matin sur une route embouteillée ou dans un train bondé. Ce même mental qui nous fera réagir de façon responsable plutôt que sous le coup de l'émotion quand un ami ou un collègue souhaite discuter un de nos choix, l'état d'esprit qui nous permettra de ne pas ruminer le passé ou de ne pas craindre l'avenir au point d'avoir des difficultés à s'endormir le soir. Ne serait-il pas agréable d'avoir tout cela à portée de main ? En réalité, atteindre la sérénité dans notre vie quotidienne, au milieu du chaos, est un des plus grands défis de la vie moderne.

Pourquoi ? Pour bon nombre d'entre nous, le stress et l'anxiété sont des maux quotidiens qui n'ont jamais été aussi importants qu'aujourd'hui. Nous passons nos journées à courir après le temps. Nous ne passons jamais plus de cinq minutes éloignés de nos portables et finissons par nous sentir submergés et hyperstimulés. Nous sommes tellement concentrés sur la suite que nous ratons l'instant présent et finissons la journée exténués en attendant une seule chose : le week-end. Mais quand il est enfin temps pour nous de profiter de ces deux jours de repos hebdomadaire, nous nous inquiétons de ce que nous avons oublié de faire la semaine précédente en pensant à ce qui nous attend la suivante. Nous sommes inondés par le cortisol, l'hormone du stress ; or les problèmes de santé qui y sont liés représentent aujourd'hui près de 70 % des visites chez le médecin, allant de la simple déchirure musculaire au *burn-out*.

La solution ?

Vous la trouverez dans ce livre, Calme.

À la base d'une attitude calme se trouve la pleine conscience, une pratique qui nous permet de nous éveiller et de profiter à nouveau de notre vie quotidienne, de développer la sagesse nécessaire à la sortie de ce mode autopilote qui régit notre vie actuelle afin d'apprendre à répondre plutôt qu'à réagir aux autres et aux événements auxquels nous sommes confrontés. Cette pratique nous amène à prendre conscience de ce qui se passe réellement dans notre esprit et dans notre corps.

La pleine conscience n'a rien à voir avec l'éloignement. Aucun besoin de partir à l'autre bout du globe dans un ashram himalayen ou de devenir moine bouddhiste pour y arriver. Il s'agit simplement de creuser votre esprit, de penser à la façon dont vous percevez votre vie quotidienne, afin qu'un mode de pensée calme et clair remplace vos habitudes impulsives. C'est une pratique remarquable qui vous permettra de changer votre perspective sur le monde.

La pleine conscience, c'est se concentrer sur le moment présent tout en acceptant calmement et simplement vos sentiments, pensées et sensations physiques. Jon Kabat-Zinn, professeur reconnu de cette pratique, l'explique ainsi : il s'agit de « porter intentionnellement attention aux expériences internes (sensations, émotions, pensées, états d'esprit) ou externes du moment présent, sans porter de jugement de valeur ».

De la même façon que l'on apprend une langue étrangère, l'on doit s'entraîner à la pleine conscience. C'est une compétence qui devient un mode de vie. Il est d'ailleurs prouvé scientifiquement et de façon très sérieuse que cette façon de vivre est profondément saine et pleine d'avantages. La pleine conscience est de plus en plus souvent recommandée par les médecins et les psychologues, parfois même à la place d'un traitement médicamenteux. Des écoles intègrent dorénavant les enseignements de cette pratique dans leurs formations. Des études montrent en effet que les enfants qui méditent régulièrement développent une meilleure faculté de concentration ainsi qu'une compassion et une intelligence émotionnelle plus élevée que la moyenne. Des entreprises comme Google, Apple et KMPG ont d'ailleurs intégré à leur philosophie d'entreprise cette technique de relaxation.

Des chercheurs indépendants à travers le monde entier ont conduit de nombreuses études sur la pleine conscience. Grâce à leur travail, notre compréhension de cette branche de la science ne fait que grandir. Un nombre incalculable de données scientifiques tirent cette pratique vers le haut, notamment grâce à ses bienfaits médicaux.

Nombre de publications concernant la pleine conscience de 1980 à 2013

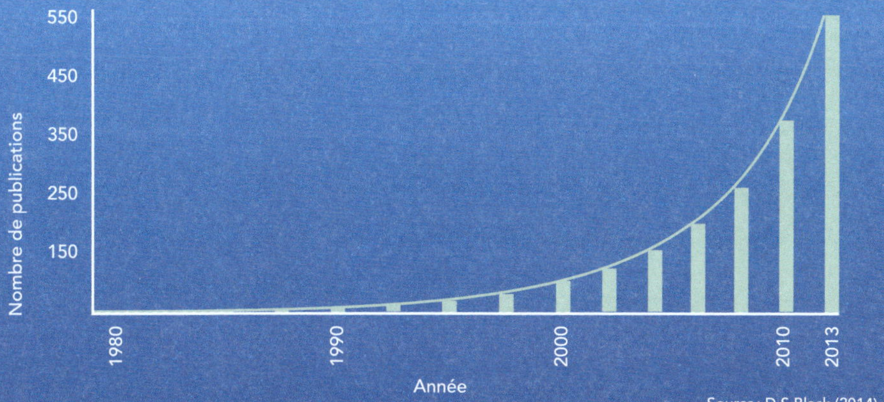

Source : D.S.Black (2014)

Les nombreux avantages de Calm

La recherche montre que la pleine conscience permet une productivité plus élevée, une meilleure ambiance de travail et une faculté à résoudre les problèmes améliorée. En 2012, une entreprise médicale américaine a mis en place un programme de pleine conscience et de yoga pour ses 49 000 employés. Des scientifiques de l'université Duke ont étudié l'impact de ces activités et ont remarqué une baisse de 7 % des coûts liés à la santé et une augmentation de 65 minutes de productivité par jour. Des recherches de l'INSEAD Business School ont quant à elles démontré qu'une quinzaine de minutes de méditation de pleine conscience par jour suffisaient à un mode de pensée plus rationnel et à de meilleures décisions d'un point de vue professionnel. La pleine conscience est également liée à une créativité améliorée et à une plus grande capacité de concentration et de réflexion.

Vous vous sentirez mieux, physiquement et mentalement

La pratique de la pleine conscience peut non seulement faire baisser la pression artérielle, réduire les douleurs chroniques et améliorer le sommeil, mais aussi réguler l'appétit, rétablir une bonne santé cardio-vasculaire et respiratoire, et booster le système immunitaire. Cela permet également de diminuer le taux des hormones liées au stress – comme le cortisol – et de ralentir la détérioration de certaines parties du cerveau. Il est donc assez peu surprenant que les employés pratiquant la pleine conscience prennent moins de congés maladie que leurs collègues n'y adhérant pas.

Selon des études récentes, la pratique de la méditation peut être aussi efficace qu'un traitement médicamenteux dans la prise en charge des symptômes de la dépression et de l'anxiété. Par exemple, des étudiants chinois qui ont pratiqué la méditation pendant 20 minutes chaque jour pendant cinq jours ont vu leur anxiété, leur sentiment de déprime et leur colère baisser par rapport à ceux qui ne la pratiquent pas. La pleine conscience permet également d'augmenter le sentiment de bien-être individuel car elle améliore les relations aux autres au quotidien et facilite la compassion.

Une étude américaine de 2005 a tiré la conclusion suivante : quand on pratique régulièrement la méditation de pleine conscience, notre cerveau change. Les parties du cerveau liées à l'attention et aux sens sont plus développées chez les pratiquants de longue date par rapport aux non-pratiquants.

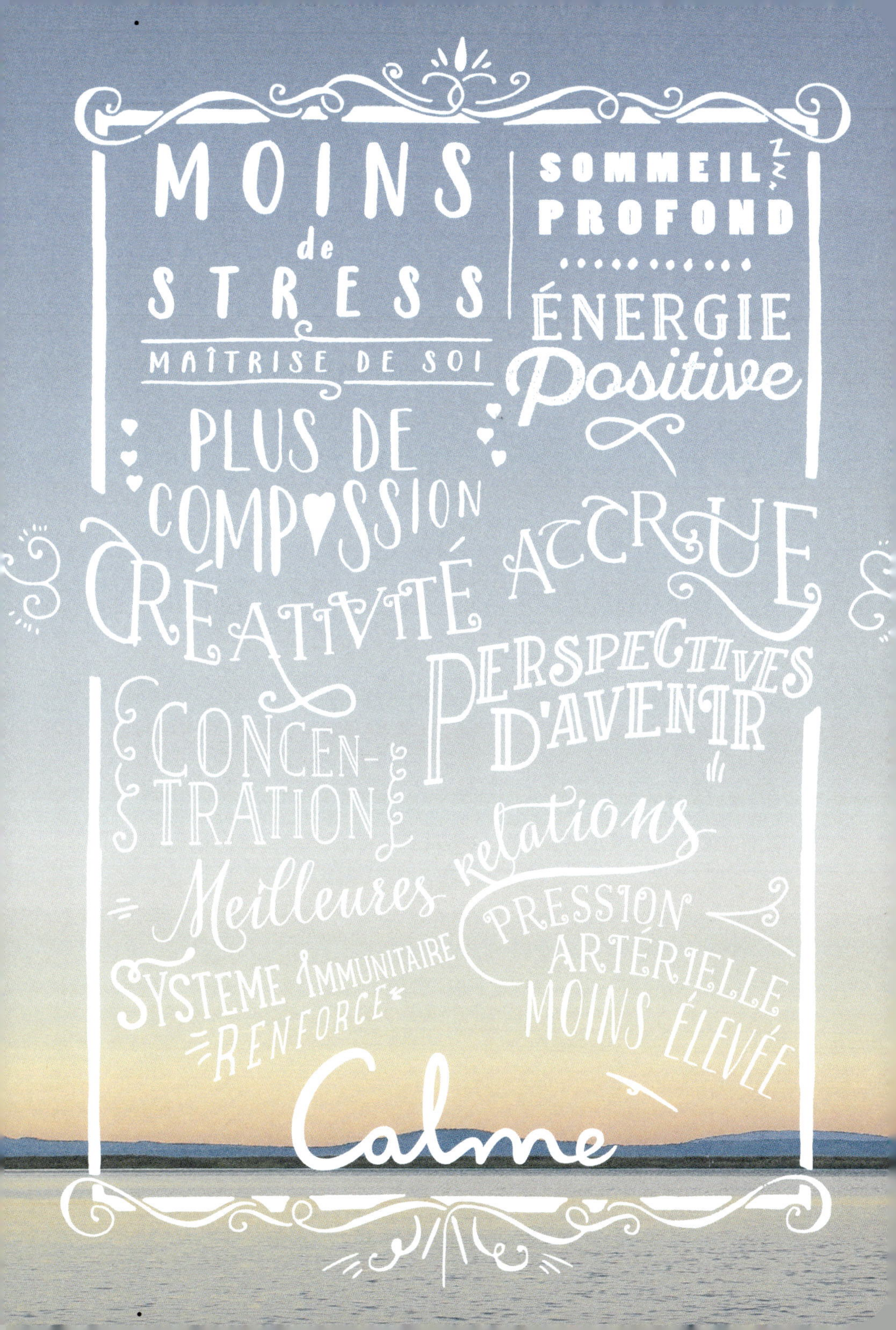

MOINS de STRESS
MAÎTRISE DE SOI
SOMMEIL PROFOND
ÉNERGIE Positive
PLUS DE COMPASSION
CRÉATIVITÉ ACCRUE
PERSPECTIVES D'AVENIR
CONCEN-TRATION
Meilleures relations
SYSTEME IMMUNITAIRE RENFORCE
PRESSION ARTÉRIELLE MOINS ÉLEVÉE
Calme

Comment méditer ?

Quand on commence à méditer, il est absolument nécessaire de définir le moment et le lieu de cette pratique. L'idéal est le matin car on a l'esprit clair et cela donne le ton pour la journée.

Commencez par des sessions de dix minutes est la meilleure façon de débuter. Avec le temps vient l'aisance et on peut facilement passer, selon son envie, à des séances de quinze ou vingt minutes. De petites sessions régulières valent mieux que de longs intermèdes ponctuels.

Trouvez un endroit silencieux, calme, un lieu où on ne vous dérangera pas. Asseyez-vous, le dos bien droit, dans une position que vous trouvez confortable puis fermez les yeux. Posez vos mains délicatement sur les genoux. Vous pouvez également placer vos mains sur les genoux, en forme de bol, tournées vers l'extérieur.

Détendez-vous, laissez votre corps se relâcher, et respirez lentement. Prenez conscience de votre respiration, concentrez-vous sur celle-ci, et ne pensez qu'à cela. L'air entre et sort de votre corps. Remarquez la façon dont votre abdomen gonfle et dégonfle, votre torse qui se soulève et s'abaisse au fur et à mesure de l'inspiration et de l'expiration.

Gardez un rythme de respiration naturel, ne le modifiez en aucun cas et, surtout, restez calme. Prenez simplement le temps de ressentir le flux d'air qui vous anime, le moment où l'air entre dans vos poumons et celui où votre corps l'expulse.

Si des pensées vous viennent à l'esprit, ne les combattez pas. Laissez-les calmement se dissiper. Revenez toujours à votre respiration.

Une fois votre esprit détendu, relâché, concentrez-vous sur l'ensemble de votre corps, en prenant en compte les sensations qui le traversent. Ne les jugez pas, prenez-en simplement conscience et réalisez ce qui est en train de se passer. N'essayez pas de changer quoi que ce soit, observez, simplement, les choses telles qu'elles sont.

Vous verrez, votre esprit se dirigera parfois vers des distractions, des craintes, des peurs que vous pouvez avoir, qu'elles soient passées ou futures. C'est dans la nature humaine, ne vous inquiétez pas. Quand vous sentez que votre attention diminue, revenez à votre respiration, sans jugez vos pensées. Vous aurez peut-être à le faire de nombreuses fois, mais cela n'est rien de grave, c'est tout à fait normal. Pensez simplement à toujours revenir à votre respiration. Respirez – inspiration puis expiration –, laissez passer le temps ainsi.

Comment utiliser ce livre ?

Ce manuel est composé de huit sections : Nature, Sommeil, Voyage, Relationnel, Travail, Enfants, Créativité et Nourriture. Mais il ne s'agit pas ici de lire de façon linéaire, logique. Vous pouvez vous plonger dans une section, en consulter une autre plus tard, dans l'ordre que vous souhaitez. Vous pouvez effectuer les exercices qui vous plaisent quand vous le voulez, et juste y jeter un œil si vous n'avez pas le temps. Nous avons réalisé cet objet dans le but de vous inspirer, de vous aider à adopter des habitudes quotidiennes de sérénité, de pause, qui vous aideront à prêter une plus grande attention à votre vie, à la joie et à la beauté qui vous entourent, à vivre le moment présent, pleinement. Pour atteindre ce but, nous souhaitons vous encourager à mettre en place, chaque jour, un temps dédié à deux activités : la méditation et l'écriture d'un journal. Ces deux exercices vous aideront réellement à obtenir une vie plus calme, un quotidien plus serein.

Comment écrire un journal ?

Si vous souhaitez réellement vivre en toute sérénité, une partie de votre mission sera de tenir un journal. Écrire est un excellent moyen de mettre en sourdine les pensées les plus sombres et aide à clarifier ce qui occupe l'esprit pour mieux le soigner. Cela peut également permettre de comprendre ce qui se passe dans votre corps, sous la surface, en identifiant ce que vous considérez comme des défis ou des obstacles.

La recherche a montré que tenir un journal réduit le stress, augmente l'estime de soi et aide à mieux gérer les expériences traumatisantes. De façon plus surprenante, cela peut aussi améliorer la santé physique. Le psychologue James Pennebaker, de l'université du Texas, a étudié le lien entre écriture et immunité. L'une de ses conclusions a été que l'écriture d'un journal permet un renforcement des cellules immunitaires. Cette activité est un excellent moyen de rendre meilleur un mauvais jour, une très bonne manière de s'apaiser l'esprit jusqu'au lendemain.

Votre journal sera également un souvenir inestimable. Quand nous pensons aujourd'hui aux grands écrivains du passé comme Samuel Pepys, Virginia Woolf, Alan Bennett ou Tony Benn, ce qui rend leur travail si intéressant vient de son immédiateté. À l'instant même où nous les lisons, nous sommes plongés dans l'univers, l'époque qu'ils décrivent. C'est une facette que vous pouvez également chérir dans votre écriture.

Du début à la fin de ce livre, vous trouverez des pages de journal à remplir. N'hésitez surtout pas, remplissez-les de vos impressions, sentiments, et expériences du jour. Nous vous conseillons à chaque fois d'y aborder trois sujets (voir page suivante). Si vous ne voulez pas les utiliser de cette façon, achetez un carnet et gardez-le sur votre table de chevet.

CE QUI M'A APAISÉ AUJOURD'HUI

....

....

JE SUIS RECONNAISSANT À

....

....

....

LES TROIS MOMENTS PRÉFÉRÉS DE MA JOURNÉE ?

1. ....
2. ....
3. ....

Calm, l'application

Il est possible d'utiliser en complément de ce livre l'application *Calm* ou le site Internet www.calm.com. Méditer chaque jour apporte une plus grande sérénité au quotidien. C'est la raison pour laquelle notre application a été créée, puisqu'elle permet d'intégrer cette habitude à votre vie de tous les jours. Vous y trouverez des idées de méditations simples, guidées, calmes et attrayantes, avec des images apaisantes et de la musique douce. Il peut être difficile de développer ce type d'habitude seul, il est généralement plus facile de commencer avec des instructions.

Comme tout changement, la pleine conscience demande du travail. Mais, très bientôt, vous réaliserez que plus on prend le temps de regarder la vie, plus elle devient agréable et pleine de récompenses.

N'hésitez pas à nous raconter vos expériences et vos progrès. Envoyez-nous des tweets sur le compte @calmdotcom et rejoignez la communauté *Calm* sur Facebook et Instagram, partagez vos expériences et posez des questions. Nous vous lirons avec joie.

Calm
MY CALM
PROGRAMS
TIMER
SCENES

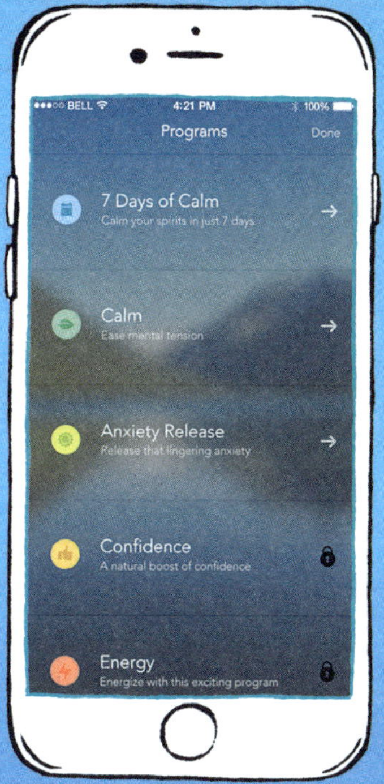
BELL
4:21 PM
100%
Programs
Done
7 Days of Calm
Calm your spirits in just 7 days
Calm
Ease mental tension
Anxiety Release
Release that lingering anxiety
Confidence
A natural boost of confidence
Energy
Energize with this exciting program

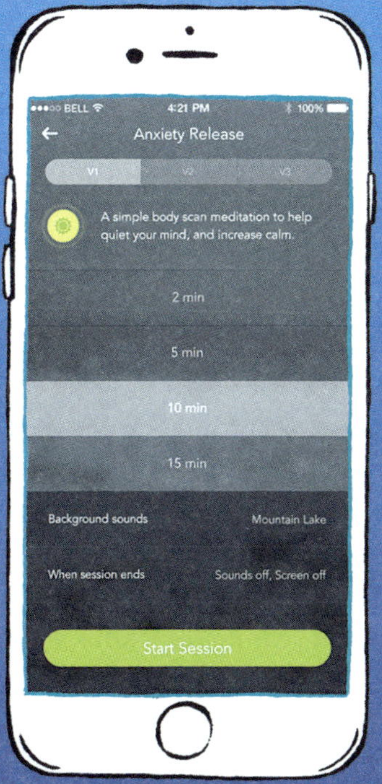
BELL
4:21 PM
100%
Anxiety Release
V1
V2
V3
A simple body scan meditation to help quiet your mind, and increase calm.
2 min
5 min
10 min
15 min
Background sounds
Mountain Lake
When session ends
Sounds off, Screen off
Start Session

BELL
4:21 PM
100%
Scenes
Done
MY SCENES (5)
AVAILABLE (21)
Falling Leaves
Winter Dawn
Stream
Raindrops

Michael Acton Smith – cofondateur du mouvement Calm

« J'ai toujours adoré développer de nouveaux concepts, de nouveaux produits, des entreprises innovantes. La plus étrange de mes créations mais néanmoins réussie a été *Moshi Monsters*, née d'un gribouillage réalisé sur une serviette dans un café. Et aujourd'hui nous avons quatre-vingts millions d'utilisateurs dans le monde, nous en avons fait des magazines, des jouets, des livres, de la musique et même un film. Ce fut une aventure tout à fait incroyable.

La vie d'entrepreneur est pleine de bonnes surprises, de joies, mais c'est aussi parfois le chaos, souvent synonyme d'épuisement, d'inquiétude, d'une vie vécue à cent à l'heure, sans relâche. On est toujours en mode « marche », à se tracasser des opportunités manquées et à avoir peur de l'avenir. J'avais pour habitude de ne pas prendre de vacances par crainte de manquer quelque chose d'important. Je m'endormais le téléphone entre les mains, envoyant un dernier e-mail avant de m'endormir, exténué.

Le stress et la tension ont commencé à prendre le dessus et, au cours de l'été 2014, j'ai atteint un point de non-retour. J'étais constamment fatigué, je souffrais de maux de tête chroniques, et la joie que je ressentais au travail s'était transformée en peine ennuyeuse. Je n'avais plus le choix, il me fallait d'urgence faire une pause et prendre du recul. J'ai alors organisé mes premières vacances en solo et ai choisi de disparaître dans un hôtel des montagnes autrichiennes. Pour la première fois depuis des années, j'avais l'occasion de reprendre mon souffle. J'avais l'impression à ce moment-là d'être dans une machine à laver finalement arrivée au bout de son cycle d'essorage. J'allais courir de longues heures, je jouais au tennis, mais l'activité qui s'est révélée la plus importante a été la lecture d'ouvrages abordant un sujet dont j'avais beaucoup entendu parler : la pleine conscience.

Avant ce voyage, j'avais été intrigué par la méditation mais avais toujours été trop occupé pour m'y essayer. Comme tant d'autres, j'étais découragé d'avance par le mysticisme qui entourait cette pratique et le « qu'en-dira-t-on » de mon entourage. Mais le plus gros problème était surtout que je n'arrivais pas à calmer mon esprit, à redevenir serein, détendu. Dès que je m'asseyais, que je fermais les yeux, mon esprit partait au quart de tour, balbutiant et développant des pensées. Je pensais être un malade isolé, mais il semble que tout le monde ait une petite voix dans sa tête qui refuse de se taire.

Les instructions de méditation m'ont grandement aidé. Plus je pratiquais, plus j'arrivais à redevenir maître de mon esprit. J'ai alors commencé à découvrir les bienfaits qui découlent d'un esprit calme, concentré, fort. Il semble complètement fou de passer des heures à renforcer notre corps et à entretenir notre physique alors même que peu d'entre nous prennent le temps d'entraîner et de nourrir leur esprit. Ce n'est pas une coïncidence si tant de personnes dans le monde se sentent anxieuses, stressées et tristes.

J'avais l'impression à l'époque d'avoir mis la main sur un pouvoir magique secret. Bien que la méditation soit pratiquée depuis des milliers d'années dans le monde oriental, elle a seulement récemment été adoptée par une partie du monde occidental. La science derrière ce qu'on appelle la pleine conscience m'a tout de suite fasciné. C'est cela qui me permet aujourd'hui de penser que nous sommes à l'aube d'une véritable révolution par le calme.

Après ces vacances bien méritées, je suis rentré travailler à Londres, totalement remis. J'étais en pleine forme et prêt pour de nouveaux projets. Ma plus grande peur était de voir cette pleine conscience nouvellement acquise devenir un inconvénient dans le monde hyper-compétitif des start-up technologiques. Mais c'est tout à fait l'inverse qui s'est produit : mon esprit était plus aiguisé, j'étais plus en forme, plus dynamique, et j'ai redécouvert ce pourquoi j'aimais mon métier.

C'est en prenant du recul et en stabilisant mon esprit que je me suis rendu capable d'apprécier pleinement le pouvoir de la sérénité.

Avoir l'esprit apaisé n'est pas simplement synonyme d'éloignement. C'est un superpouvoir qui reconnecte notre esprit au monde et nous aide à déverrouiller notre potentiel réel.

Michael

Alex Tew – cofondateur du mouvement Calm

Quand j'étais adolescent, j'ai commencé à m'intéresser à l'esprit et en particulier à la façon dont on pouvait l'améliorer. J'ai exploré différentes façons d'entraîner ma mémoire, de générer des idées et de concentrer mon attention. Certaines approches étaient plus réussies que d'autres. J'ai ensuite découvert une technique qui battait toutes les autres : la méditation de pleine conscience.

En fait, tout comme l'exercice physique, prendre du temps pour calmer son esprit est tout à fait bénéfique. Mes étagères se sont vite remplies de livres et de CD sur la méditation. Bientôt, avec de l'entraînement quotidien, j'ai commencé à me sentir plus serein, plus concentré, et plus heureux.

Il est devenu très clair que la méditation de pleine conscience était la référence dans ce domaine. Une idée me vint alors à l'esprit : créer un site Internet pour aider le monde entier à méditer. Consulter une page web semblait plus pratique et plus facile qu'écouter un CD. J'ai donc monté un prototype assez simple avant d'être très rapidement confronté au problème financier. Ce site n'a jamais vu le jour.

Ma vie a changé de façon drastique peu de temps après. J'ai débuté l'université et lancé un site Internet au même moment. Ce site, comme son nom l'indique – « The Million Dollar Homepage » –, n'avait pour seul but que de me faire gagner un million de dollars sans rien faire. C'était une idée tellement folle… qu'elle a fonctionné ! Je suis alors devenu une célébrité dans le monde du web dont les médias raffolaient. Je faisais trente *interviews* par jour, gérais l'équipe d'amis que j'avais engagés pour m'aider et étudiais pour mes examens universitaires.

Ce fut une période incroyablement excitante, mais quelque chose d'important s'était arrêté dans ma vie : la méditation. J'étais tellement occupé par mes études et le site Internet que je ne prenais plus le temps de me calmer l'esprit. Alors que c'est précisément à ce moment-là que j'en avais le plus besoin.

Alex

Très rapidement, je suis devenu stressé et triste. Mais je ne disais rien à personne à l'époque. Qui veut entendre parler d'un gamin qui s'est fait un million de dollars du jour au lendemain mais qui en ressort dépressif ? Je ne voulais pas qu'on me pense ingrat. Je ne l'étais pas.

Après être revenu sur la bonne voie, je me suis lancé dans de nombreux projets, dont certains ont été des réussites et d'autres des échecs. J'ai beaucoup appris sur l'entreprenariat et la vie en général. Le point commun étant le stress que tout cela peut engendrer. Il m'est alors apparu essentiel de prendre à nouveau mieux soin de moi et de mon esprit.

J'ai recommencé à méditer régulièrement, ai rejoint l'entreprise d'un ami à San Francisco, et ai pris du recul par rapport à la pression que je pouvais ressentir à diriger ma propre entreprise. C'est au cours de ce processus, de ces changements, que j'ai réalisé à quel point la pleine conscience est importante. Pas seulement pour moi mais aussi pour nous tous. Le monde est toujours plus rapide et toujours plus occupé. Beaucoup d'entre nous sont envahis par le travail et toujours plus stressés. À travers tous les hauts et les bas que j'ai pu rencontrer au sein de ces nombreux projets, j'ai appris à quel point l'angoisse pouvait être dommageable à l'esprit et au corps.

C'est ainsi que j'ai bouclé la boucle. Il était temps pour moi de revenir à mon idée d'apporter la méditation au monde en utilisant le pouvoir formidable d'Internet. Mon ami Michael Acton Smith et moi-même nous sommes réunis et avons lancé en 2012 le mouvement *Calm*.

Je suis très heureux à l'idée d'aider le monde à trouver plus de sérénité et à combattre le stress grâce à la méditation de pleine conscience. Pour moi, cela a fonctionné.

NAT

URE

Passer du temps dans la nature, un raccourci vers la sérénité.

Passer du temps dans la nature est un moyen rapide et concret pour un retour au calme assuré. C'est une vérité que nous comprenons intuitivement. Marcher sous la canopée d'une forêt en écoutant le doux bruit des gouttes de pluie qui tombent sur les feuilles, là-haut, ou faire de la randonnée dans les collines autour d'un beau lac avec un brin d'air frais dans les poumons, ou encore s'asseoir sur la plage en regardant l'horizon sont autant de moyens pour arriver à la sérénité.

Le mot « nature » vient du latin « natura », qui est issu de la même racine que le mot latin pour « être né » et est équivalent au mot grec ancien « phusis », qui signifie « croissance naturelle ».

Selon Aristote, le monde se divise entre ce qui est naturel et ce qui tient de l'artifice, c'est-à-dire de l'intervention humaine. D'autres philosophes ont questionné cette division du monde, mais elle n'est toutefois pas dénuée de bon sens. La vie moderne est à la fois permise et encombrée par l'artifice. Les interventions humaines nous éloignent du monde naturel. Elles nous tiennent chaud, nous nourrissent en hiver, nous permettent également de gagner du temps et de faire plusieurs choses à la fois. Tout cela est merveilleux, bien sûr, mais cela signifie aussi que nous n'avons jamais été aussi éloignés de la nature qu'aujourd'hui.

Le monde naturel est au cœur de nombreuses traditions spirituelles.

Des Indiens d'Amérique et leur amour pour l'Esprit de la Terre-Mère à la mythologie nordique avec son arbre du monde, en passant par la fleur de lotus des bouddhistes, le monde naturel est au centre de nombreuses traditions spirituelles. Son cycle rassurant est à la fois un rappel de notre présence éphémère sur la terre et une vérité éternelle. La nature est insensible, imperméable au temps humain, mais c'est pourtant une partie très importante de nous que nous perdons quand nous nous en éloignons.

Les poètes romantiques sont sans doute les plus fervents défenseurs du pouvoir guérisseur de la nature. Selon leur philosophie, « la beauté est la vérité et la vérité est la beauté » ; savoir apprécier le monde naturel est un antidote puissant face aux tumultes de la vie moderne.

En repensant à ses souvenirs sur la vallée de la Wye,
Wordsworth a écrit :

“Bien qu’absentes longtemps
Ces formes de la beauté
n’ont pas pour moi été
Tel un paysage devant
l’homme aveugle :
Mais souvent, seul dans
ma chambre, parmi le
Tumulte des villes et des cités,
je leur ai dû,
Aux heures de lassitude
de douces sensations qui…”

Les vers du poète rassurent, ils amènent le pouvoir guérisseur de la nature à la portée de chacun. Si une méditation sur la campagne, un souvenir d'un beau panorama, d'un beau paysage, ou même un bref moment passé dans un parc peuvent nous aider à nous rapprocher du pouvoir thérapeutique de la nature, on peut alors exploiter ce souvenir à volonté, où que l'on soit.

La science, tout comme l'art, nous persuade de l'existence de ces vertus thérapeutiques. La recherche montre que passer du temps dans des espaces naturels a de considérables bénéfices sur la santé mentale et physique. Dans les hôpitaux, le temps de récupération des patients est moindre quand ils ont une vue sur un espace vert depuis leur lit. Une étude sur un quartier défavorisé de Chicago a montré que les crimes et délits étaient en baisse suite à la création de parcs publics dans cette partie de la ville, et, dans le même temps, l'autodiscipline et le bien-être mental augmentaient. Les enfants qui passent du temps à l'extérieur sont plus calmes, plus heureux et en meilleure santé que ceux qui restent dans leur chambre.

"Un trait commun de la nature
fait du monde entier une seule famille."

William Shakespeare

“TOUT LE MONDE DEVRAIT RÉGULIÈREMENT

SE LAISSER SUBMERGER PAR LA NATURE »
GEORGE HARRISON

Faites sécher une fleur

Quand avez-vous décidé pour la dernière fois de ramasser une fleur pour faire honneur à sa beauté et conserver sa perfection ? L'être humain en fait sécher depuis la préhistoire et cela n'a rien de surprenant : il n'y a pas de phénomène plus miraculeux que celui de bourgeonner et de s'ouvrir au monde. Le charme d'une presse en bois, avec ses gonds rutilants, ses plaques de carton épais et son papier est aussi fort pour les enfants d'aujourd'hui qu'il l'était il y a des centaines d'années. Alors pourquoi ne pas s'y mettre ? La beauté d'une fleur séchée n'est pas la même que l'éclat éphémère de celle tout juste cueillie, mais en la pressant et en la faisant sécher, on peut en faire quelque chose d'autre, de nouveau. C'est un plaisir qui prend du temps, mais la patience est récompensée (si vous ouvrez votre presse trop tôt, la fleur se cassera). Une fois la fleur complètement sèche, le pigment passé des pétales lui donne la patine d'un charme vintage. Votre propre trésor préservé sur papier.

« Il n'y a rien à sauver,
maintenant que tout est perdu,
sauf un minuscule noyau
de silence dans le cœur,
comme l'œil d'une violette. »

D. H. Lawrence

Méditez dans la nature

Commencez par vous asseoir confortablement, dans un lieu calme où vous ne serez pas dérangé. Afin de vous détendre, prenez votre respiration, paisiblement.

Votre corps fermement ancré au sol, prenez conscience de la terre qui vous soutient. Imaginez-vous dans un champ ou une forêt, sous un grand arbre bien dense, avec de fortes branches. Sentez le sol riche et l'air frais. Écoutez le vent bruissant dans les feuilles et le chant des oiseaux autour de vous.

Visualisez les feuilles du végétal, ses branches, son tronc, et imaginez-vous ensuite tendre la main pour le toucher. Ressentez la texture de l'écorce sur votre peau.

Ne sous-estimez pas l'ombre qu'offre cet arbre, le bois qu'il est susceptible de fournir, la façon dont il nettoie l'air et, bien sûr, sa beauté.

Appréciez à sa juste valeur cet organisme vivant. Imaginez-le se désaltérant grâce à l'eau qu'il puise dans le sol par l'intermédiaire de son système complexe de racines. Visualisez les branches, les feuilles. Elles grandissent, s'allongent, tout ouvertes et prêtes à accueillir le soleil pour mieux grandir.

Lisez un peu de poésie

Les romantiques sont un point de départ idéal, mais de nombreux poètes ont été inspirés par la nature. Se concentrer quelques instants sur un poème parfaitement écrit peut permettre d'ouvrir notre esprit à la beauté qui nous entoure. La poésie peut être intensément évocatrice. Selon Wordsworth : « La poésie naît de l'émotion remémorée dans la quiétude », et c'est sans doute pour cela que notre joie à la lire nous ramène à un état unique de sérénité.

Voici quelques poètes que vous pourriez apprécier :

Anne Brontë, Elizabeth Barrett Browning,

Emily Dickinson, Carol Ann Duffy,

Robert Frost, Thomas Hardy,

Seamus Heaney, Ted Hughes,

Mary Oliver, William Shakespeare,

Percy Bysshe Shelley,

Jean Sprackland, William Wordsworth,

W. B. Yeats.

"La nature est en vie", de John Clare

La nature est en vie : bois, champs, ruisseaux
Sont éternels, et tous en silence ils
Parlent du bonheur bien plus que les mots ;
Rien en eux n'est mortel ; leur agonie
Annonce la vie verte ; et mourir
Est le signe qu'une fleur reviendra.
Elle est depuis toujours un paradis,
Et le soleil, et la lune, elle verra
Sous leur jour et nuit, elle continuera.

Qu'est-ce qui rend les cabanes dans les arbres si magiques ?

C'est peut-être le silence qui y règne, bruissement des feuilles excepté. Peut-être nous rappellent-elles simplement notre jeunesse, la fuite du monde civilisé, la liberté. Pourquoi n'essayeriez-vous pas d'en dessiner une vous-même, sur la page suivante ? Ne pensez pas à l'argent, ce dessin n'a rien de matériel. Laissez libre cours à votre imagination.

Ma cabane dans les arbres

Marchez pieds nus

Enlevez vos souliers. Remuez les orteils. Rendez leur liberté à vos pieds, libérez ceux qui tiennent votre corps au sol, si souvent négligés, toujours emprisonnés dans des chaussettes et de lourdes chaussures. Sentez la plante de vos pieds revenir à la vie. Idéalement, marchez pieds nus dans un lieu où vous pourrez ressentir l'herbe, le sable ou la terre. Un bord de rivière boueux, une plage de galets ou un chemin moussu ombragé feront l'affaire. On reconnaît souvent aux adeptes de la marche ou de la course à pied un certain lyrisme, un sens de la liberté et de la légèreté qu'un intermède pieds nus peut apporter. Il n'y a pas de moyen plus simple pour se reconnecter à la terre, pour renforcer ce lien à la nature. Si vous ne pouvez pas quitter votre appartement pour aller dehors, soyez aventureux et délacez tout de même vos chaussures.

Des odeurs qui boostent la sérénité

1. En Grande-Bretagne, le romarin est la plante du souvenir. Et ce n'est pas seulement une recette de grand-mère ! Une étude britannique de 2013 a montré que l'odeur du romarin peut augmenter de 75 % la capacité à se souvenir. Mais ce végétal est également apaisant : une étude japonaise a, quant à elle, lié l'exposition à la senteur de l'aromate à une baisse du taux de cortisol. Essayez avant un examen ou une réunion.

2. Le jasmin a, lui, des propriétés relaxantes. Dans une étude, des souris dont les cages étaient infusées de l'odeur de la plante ont cessé toute activité et se sont assises, calmement.

3. Il a été prouvé à de nombreuses reprises que la lavande permet de mieux dormir. Parsemez-en un peu votre oreiller.

4. Les odeurs d'agrume ont des vertus antistress. Des chercheurs de la clinique Mayo, aux États-Unis, ont demandé à des volontaires d'inhaler un certain nombre de senteurs utilisées en aromathérapie. Ils ont alors trouvé que l'odeur du citron a un effet relaxant. Elle augmente également la concentration. Gardez près de vous, dans votre sac par exemple, une petite bouteille d'huile essentielle de citron et mettez-en sur vos points de pulsation avant une réunion ou un rendez-vous important.

5. Le bois de santal dégage un arôme dont les propriétés sont calmantes, et il a été prouvé qu'il réduit le risque de dépression et l'anxiété. C'est également l'odeur traditionnelle des encens brûlés dans les temples bouddhistes. Utilisez-le pendant une méditation de pleine conscience pour booster votre sérénité.

6. L'huile essentielle et l'infusion de menthe poivrée ont un effet calmant très fort sur le système digestif, selon un certain nombre d'études. Inhaler l'essence de menthe poivrée est aussi très relaxant. Essayer-la en capsules si votre estomac souffre de vos angoisses.

Une odeur porteuse de souvenirs de jeunesse

Romarin
Fig. 4
Jasmin
Fig. 2
Fig. 3
Orange
Fig. 1
Lavande

Fig. 7

La camomille est utilisée pour ses propriétés apaisantes depuis des milliers d'années. De nombreuses études ont confirmé les vertus sédatives de ses fleurs, faisant ainsi de cette plante une très bonne infusion de soirée. Préparez-vous-en une avant d'aller dormir.

PANTONE 313

PANTONE 312

PANTONE 311

PANTONE 310

PANTONE 3135

PANTONE 3125

PANTONE 3115

PANTONE 3105

PANTONE 2975

PANTONE 2965

PANTONE 2955

PANTONE 2945

PANTONE 3278

PANTONE 3268

PANTONE 3258

PANTONE 3248

Considérez la couleur de la mer

L'Échelle Forel-Ule est utilisée par les océanographes depuis plus d'un siècle. Il s'agit d'un moyen de classer les changements de couleur de l'eau de mer. Grâce à une comparaison entre la teinte de l'océan et celle de différentes fioles en verre contenant des liquides divers, on obtient quantité d'informations.

La gamme de couleurs observables en région côtière est absolument époustouflante et peut être affectée par un grand nombre de facteurs. L'océan peut paraître épais et gris quand le temps est nuageux, brillant sous le soleil, ou très sombre quand ce dernier plonge à l'horizon. Les mers plates, sans vagues, semblent réagir différemment à la lumière, selon l'endroit où l'observateur se tient. De la plage, les rayons du soleil se reflètent sur la surface plane de l'eau pour créer un effet miroir, argenté, mais quand on se tient au-dessus de la mer, en haut d'une falaise ou depuis un phare, la lumière semble pénétrer la surface de l'eau et se disperser pour révéler une teinte bleu-vert dans les profondeurs de l'océan. Et quand la mer est perturbée par les vagues, l'effet est encore une fois modifié puisque la lumière est visible à travers l'eau agitée et les embruns.

Les eaux côtières ont tendance à se teinter de vert car elles abritent un écosystème riche d'algues, de micro-organismes couleur chlorophylle qui teintent leur habitat naturel. Les changements saisonniers dans cette population d'algues peuvent créer de grands bouleversements, comme en cas de floraison. Dans des climats calmes et chauds, quand l'algue peut se reproduire plus rapidement que d'ordinaire, la couleur de l'océan peut changer jusqu'à devenir d'un turquoise laiteux ou même d'un rouge marron boueux.

Sur la côte de la Cornouaille, la couleur de l'eau est particulièrement changeante. Le langage local s'est d'ailleurs adapté afin d'inclure des mots spécifiques pour décrire ce phénomène :

glas – bleu ou bleu-vert

arhans – argenté

gwerwyn – vert clair

dulas – vert foncé

cowsherny – vert olive (bon pour la pêche, paraît-il)

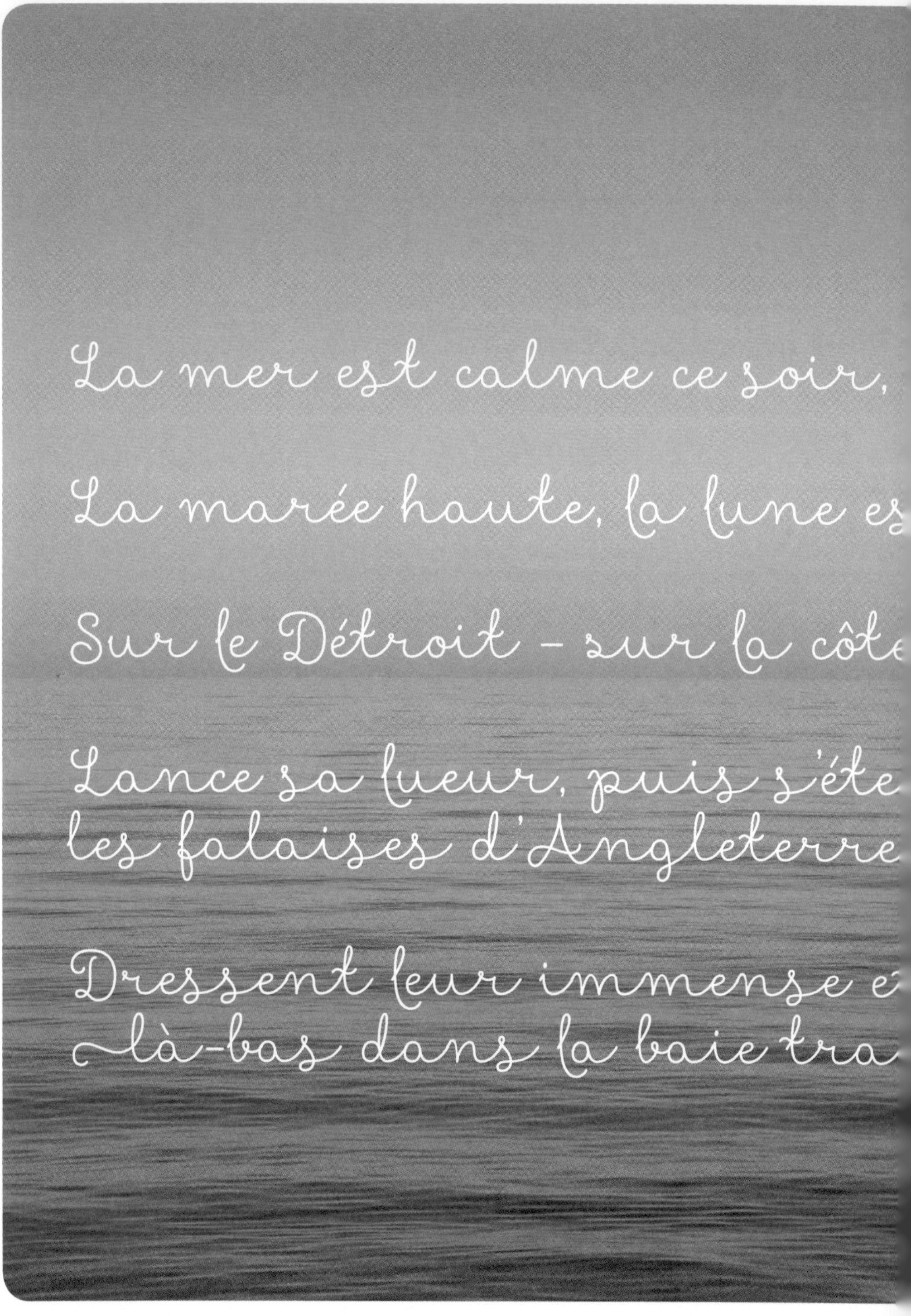

La mer est calme ce soir,

La marée haute, la lune es

Sur le Détroit – sur la côte

Lance sa lueur, puis s'éte
les falaises d'Angleterre

Dressent leur immense é
– là-bas dans la baie tra

belle
rançaise, le phare
t ;
pâle reflet
uille.
«Dover Beach», Matthew Arnold

Empruntez un chien

Ce n'est pas sans raison qu'on appelle cet animal le meilleur ami de l'homme. Passer du temps en compagnie d'un agréable canin peut avoir un effet reposant. Dans une étude menée par l'université californienne UCLA, des chercheurs ont examiné l'impact de visites hebdomadaires courtes par des équipes de volontaires accompagnés de chiens sur des patients ayant souffert d'attaque cardiaque. Le résultat montre que l'anxiété a baissé de 24 % chez les patients ayant reçu des volontaires accompagnés de chiens alors que ceux ayant reçu des humains seuls ont vu leur anxiété ne fléchir que de 10 %. Pour donner une idée plus scientifique du résultat de l'expérience, le taux d'épinéphrine (hormone du stress) a chuté de 17 % chez ceux ayant reçu la visite des chiens contre une baisse de 2 % pour les autres.

La tête dans les nuages…

Arrêtez-vous un moment. Regardez en l'air. Quand vous vous sentez un peu enfermé dans votre train-train quotidien, aller observer des nuages est un moyen infaillible pour revenir à la sérénité. Cet exercice a quelque chose d'un peu enfantin et s'apparente à un jeu. Projetez des formes terrestres (un chapeau ici, une luge là) dans l'écran géant de la nature. C'est une forme de dessin hallucinatoire, un moyen d'urgence d'ouvrir les vannes des possibles, d'inviter un peu de fantaisie dans votre vie quotidienne et de trouver une nouvelle perspective sur votre place dans ce monde. Quand vous êtes-vous allongé pour la dernière fois pour regarder les nuages ? Que voyez-vous flotter dans le ciel ?

Les Deux loups

proverbe cherokee

Un vieil homme raconte à son petit-fils :

« Mon enfant, en chacun de nous se déroule
une bataille entre deux loups.

L'un est mauvais.

Il n'est que colère, convoitise,
jalousie, chagrin, regret, cupidité,
arrogance, apitoiement, culpabilité,
rancœur, insatisfaction, mensonge,
faux orgueil et égoïsme.

L'autre est bon. Il est la joie, la paix,
l'amour, l'espoir, la sérénité, l'humilité,
la gentillesse, la bienveillance,
la générosité, l'empathie et la vérité. »

L'enfant réfléchit un moment puis demande au vieil homme :
« Lequel des deux est le plus fort ? »

Le vieux Cherokee répond alors, simplement :

celui que tu nourris

DATE

CE QUI M'A APAISÉ AUJOURD'HUI

JE SUIS RECONNAISSANT À

LES TROIS MOMENTS PRÉFÉRÉS DE MA JOURNÉE ?

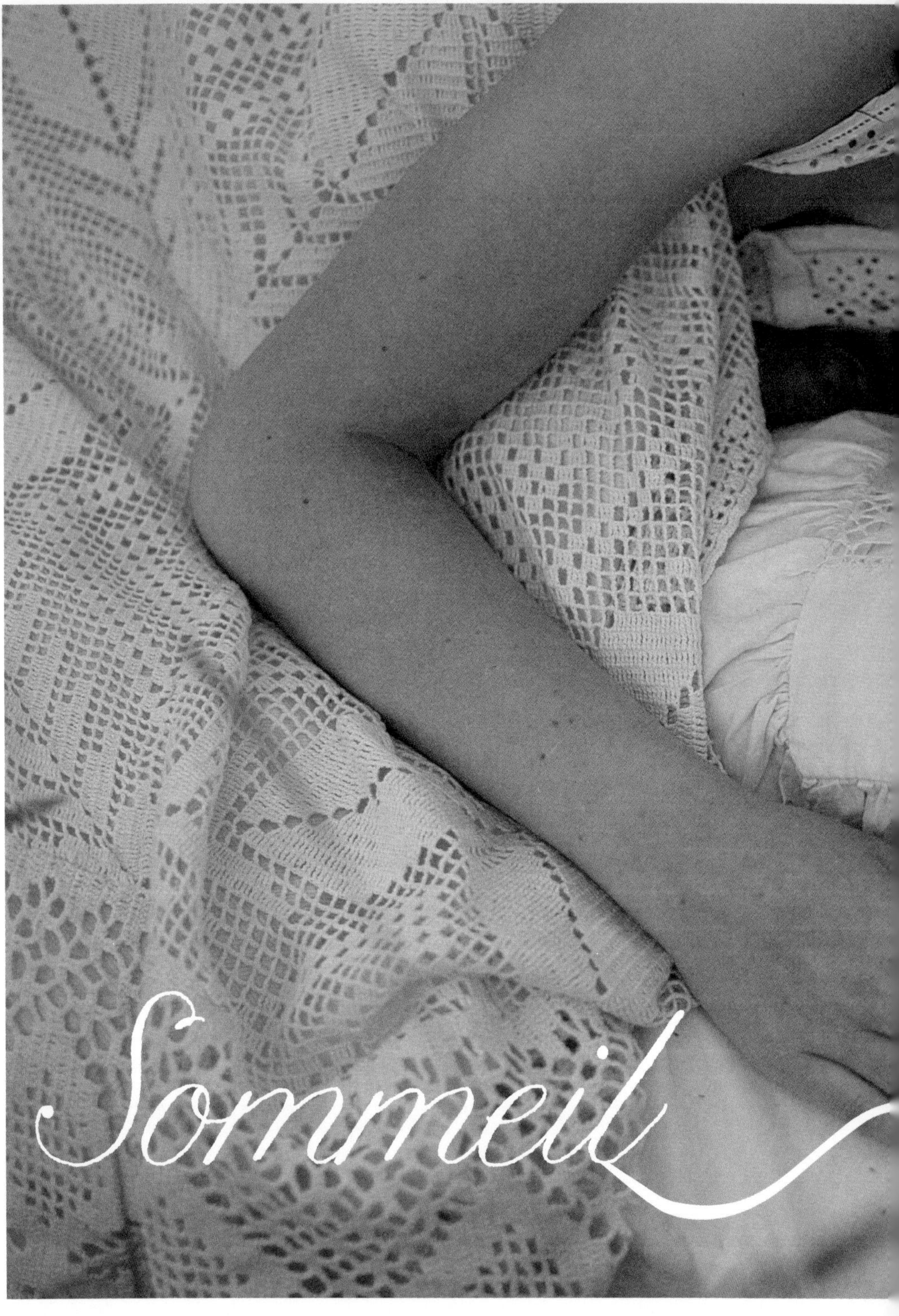
Sommeil

"Mourir ;
dormir ; dormir ;
rêver peut-être.
C'est là
l'obstacle."

William
Shakespeare

Si quelqu'un vous offrait une pilule qui, en quelques jours, vous rendait plus serein, plus dynamique, gratuitement, sans aucun effet secondaire, vous la prendriez. Et si ce quelqu'un vous disait que cette même pilule pouvait combattre la dépression, réduire votre embonpoint, améliorer votre capacité à vous concentrer et votre productivité au travail, réguler vos hormones et booster votre système immunitaire, vous trouveriez cela suspect.

Et pourtant, le sommeil fait tout cela et bien plus encore. Malheureusement, il y a toujours cet épisode de série que vous n'avez pas encore regardé, ce dernier e-mail à envoyer, ou ce linge qui ne va pas s'étendre seul. Le sommeil se retrouve mis sur la touche. C'est peut-être parce que certains d'entre nous ressentent la conviction intime – peut-être liée à l'adolescence – qu'il y a toujours quelque chose de plus important à faire, que vous pouvez vous reposer plus tard. Sauf que vous ne pouvez pas.

Refuser de faire de ce besoin vital une priorité a de fâcheuses conséquences : beaucoup d'entre nous finissent par vivre avec un corps et un esprit qui réclament à grands cris le repos dont ils ont tant besoin. Le manque de sommeil amène à l'inertie et à l'irascibilité. Ceux d'entre nous qui manquent de sommeil sont plus enclins à se sentir submergés et ont plus de difficultés à garder un poids sain, à rester en bonne santé, équilibrés. Une étude américaine à grande échelle a montré que les femmes qui dorment cinq heures par nuit sont plus enclines à développer un problème d'obésité que les femmes qui profitent de sept heures de sommeil par nuit.

Autre conséquence de ce déficit : des temps de réaction plus longs par rapport à des personnes bien reposées. Cela a également un impact sur l'âge de notre peau et de notre cerveau. Quand nous sommes trop fatigués, la clarté d'esprit et l'énergie physique dont nous avons tant besoin sont tout simplement hors d'atteinte. Peu importe le nombre de cachets effervescents de vitamine B ou d'expressos que vous consommerez, un déficit reste un déficit. Le pire, c'est qu'en essayant de résoudre le problème avec du sucre, de la caféine, de la musique forte et des lumières puissantes, on ne fait qu'exacerber le problème, rendant encore plus difficile le but à atteindre : se reposer.

Intuitivement, vous savez sans doute déjà tout cela, mais il est parfois difficile de modifier ses habitudes. Peut-être avez-vous besoin d'autres preuves.

ILS ~ L'APPELLENT

Le sommeil permet au cœur de récupérer, de se guérir. Nous pensons généralement qu'il s'agit d'un état passif, mais des études ont montré que, pendant les phases de sommeil, certaines parties du cerveau sont plus actives que lorsque l'on est éveillé.

Le sommeil permet au corps de récupérer.

En se reposant, le corps et l'esprit sont occupés : ils se réparent, se reconstruisent. Une poussée d'hormones qui permet la reproduction et la régénération des cellules est injectée dans le système sanguin et la production de certains types de cellules immunitaires est à son apogée. Le sommeil aide également à la régulation des hormones liées au gain de poids. Une étude menée sur des hommes a montré qu'avec moins de sommeil, le taux de ghréline, l'hormone qui favorise l'appétit, augmente.

Le sommeil ralentit le rythme cardiaque et la respiration, et permet à la pression artérielle de baisser. Cela a aussi une influence sur les ondes cérébrales. Les ondes delta, ondes cérébrales basse fréquence liées à la guérison profonde, ne sont produites que lorsque l'on dort profondément, lors du cycle de sommeil dénué de rêves. Il s'agit des mêmes ondes cérébrales appelées lors de la méditation. Elles sont associées à une forte baisse dans la production de cortisol, l'hormone du stress.

DR SLEEP

Vos rêves (même celui, effrayant, avec le clown nu qui fait du trampoline) sont importants. Certains psychothérapeutes les considèrent comme une fenêtre donnant sur vos anxiétés les plus profondes, sur vos soucis et facteurs de stress. Carl Jung, un des pères fondateurs de l'interprétation des rêves, a écrit que « le rêve est la petite porte cachée dans le sanctuaire le plus profond et le plus intime de l'âme ». Se laisser aller à l'exploration de vos rêves peut vous aider à développer une meilleure compréhension de vous-même. Pourquoi ne pas tous les noter dans votre journal ? Laissez libre cours à votre esprit, formulez différentes interprétations, puisqu'il y en a toujours plus d'une possible.

LE R

MIROIR

ÊVE DE L'ÂME

Essayez d'attribuer aux personnages présents dans vos rêves (même s'ils correspondent à des personnes de la vie réelle) une facette de votre personnalité, et voyez quelle nouvelle lumière cela jette sur vos interprétations. Malgré l'existence de nombreux dictionnaires des rêves en ligne et en librairie, il n'y a pas dans la réalité de sens concret aux images que nous voyons dans ces visions. Il peut tout de même être intéressant de prendre note de tout sentiment provenant de vos rêves tout comme des détails de ce qui a pu s'y passer, et de chercher des thèmes récurrents, puisqu'ils peuvent être liés à des anxiétés et des préoccupations correspondant à vos facteurs de stress importants.

IDÉES POUR UNE CHAMBRE

- Investissez dans des accessoires utiles au sommeil. Optez par exemple pour des rideaux occultants afin de garder les premiers rayons du soleil hors de votre vue pendant les mois d'été, et essayez de porter des bouchons d'oreilles si vous êtes facilement réveillé par les bruits extérieurs.
- Choisissez une décoration singulière et calme pour la chambre. Évitez à tout prix le désordre, qui ne fera que vous stresser, et faites bien attention à ne pas encombrer votre chambre de paperasse liée au travail.
- Optez pour des murs bleus, ou des touches de bleu dans votre ameublement. Regardez cette couleur peut permettre une baisse du rythme cardiaque, et on pense que les teintes bleutées ont un effet soporifique.
- Gardez un carnet ou votre journal près du lit. Et puis, au lieu de vous allonger éveillé en pensant à ce que vous pourriez manquer de faire dans la matinée, écrivez-le et passez à autre chose.

Qui invite au sommeil

- Téléchargez un podcast de méditation de relaxation, d'aide au sommeil ou de pleine conscience. Chez *Calme*, les méditations les plus populaires sont celles qui vous aident à vous endormir. Ou si vous n'aimez pas ce genre de choses mais avez tout de même besoin d'aide pour vous endormir, essayez donc l'exercice de balayage corporel de la page 130 en restant allongé dans votre lit. Ces techniques sont particulièrement efficaces si vous souffrez d'un esprit hyperactif qui ne vous lâche pas, même une fois au lit.
- Essayez donc la luminothérapie avec, par exemple, une lumière d'aube qui vous réveillera paisiblement. Cette technique imite les rayons du soleil et réduit de façon certaine le blues hivernal. C'est également un moyen bien plus agréable de commencer la journée que le son de votre radio ou l'alarme de votre téléphone.

Méditation du sommeil

Commencez par vous allonger confortablement dans votre lit. Petit à petit, concentrez-vous sur votre respiration. Avec chaque expiration, laissez échapper chacune des tensions que vous avez pu ressentir dans la journée. Ne vous préoccupez pas des pensées ou des soucis que vous avez. À la fin d'une longue journée, il est indispensable de calmer votre esprit pour le préparer à un sommeil profond. Ce moment, très important, est celui de la réparation pour votre corps, de la récupération, de la régénération. Alors permettez-vous de vous laisser aller et de vous relâcher.

Imaginez-vous allongé sur une plage de sable fin, baigné par les rayons du soleil. Laissez le vent frais et les vagues calmes vous apaiser l'esprit. Laissez vos pensées et vos soucis s'éloigner dans le ciel au-dessus de vous, se dissoudre puis disparaître. Libérez-vous de cette tendance à toujours penser, à toujours réfléchir, et concentrez-vous sur votre respiration. Ressentez tout le poids de la gravité terrestre, cette lourdeur qui envahit votre corps. Et avec l'esprit en paix, endormez-vous.

De combien avons-nous besoin ?

Bien que l'idéal des huit heures de sommeil soit une évidence, cela n'a rien d'universel. Pour certains, victimes du « syndrome Margaret Thatcher », il suffit de quelques heures, un nombre inhabituellement bas, pour récupérer pleinement. Mais en règle générale, sept heures à sept heures et demie de sommeil par nuit semblent être suffisantes pour récupérer convenablement*. Les personnes qui dorment environ sept heures par nuit ont un taux de mortalité plus bas que la moyenne. À l'inverse, une étude réalisée sur 9000 personnes a montré que les individus dormant moins de six heures ou plus de huit heures ont des capacités de mémorisation et de prise de décision réduites. Les adolescents ont encore plus besoin de sommeil, puisqu'il leur est recommandé de dormir neuf heures et demie chaque nuit (surtout pour ceux qui sont âgés de quinze à dix-neuf ans). Une raison de plus de faire du téléphone portable un interdit et d'éviter la tentation d'utiliser Snapchat en pleine nuit !

Et si les grasses matinées du week-end vous semblent idéales pour récupérer ce déficit une fois la semaine de travail terminée, sachez que vous pourriez faire plus de mal que de bien à votre organisme. Rester une heure de plus au lit peut vous faire du bien, mais au-delà d'une heure, vous pourriez dérégler le rythme circadien de votre corps (le cycle naturel ou horloge interne qui gouverne nos nuits et nos réveils), rendant plus difficile l'endormissement du dimanche soir et vous faisant ainsi débuter la semaine dans le même état que si vous subissiez un décalage horaire important.

* Une étude de 2014 publiée dans le *Journal of Sleep* a permis l'identification d'un gène que certains individus possèdent et qui leur permet de dormir moins de cinq heures par nuit tout en restant en forme. Pour les autres, une sieste dans l'après-midi peut être la solution pour booster l'humeur et l'attention, particulièrement si elle dure entre vingt et trente minutes, mais pas plus. Autrement, vous risquez de vous réveiller en ressentant une sorte d'inertie, ce sentiment de léthargie résultant d'un réveil de votre cycle de sommeil profond.

Étirements de relaxation

Ces étirements peuvent vous aider à détendre vos muscles et votre corps, à évacuer la tension accumulée dans la journée et à vous préparer pour une bonne nuit de sommeil.

Le roulement des épaules

Tenez-vous debout, le dos bien droit, les jambes légèrement écartées. Laissez pendre vos bras le long du corps. Relevez les épaules de l'avant vers le haut puis vers l'arrière et en bas. Répétez cela plusieurs fois. Cet exercice aide au relâchement des épaules, du cou et du dos.

Dos penché, jambes étirées

Tenez-vous encore une fois debout, les pieds toujours légèrement écartés. Penchez doucement vers l'avant, le torse dirigé vers le sol. Pliez légèrement les jambes pour ne pas tirer sur votre dos. Vous pouvez soit laisser vos mains toucher le sol, soit plier les bras le long du corps. Redressez lentement les jambes pour en étirer l'arrière.

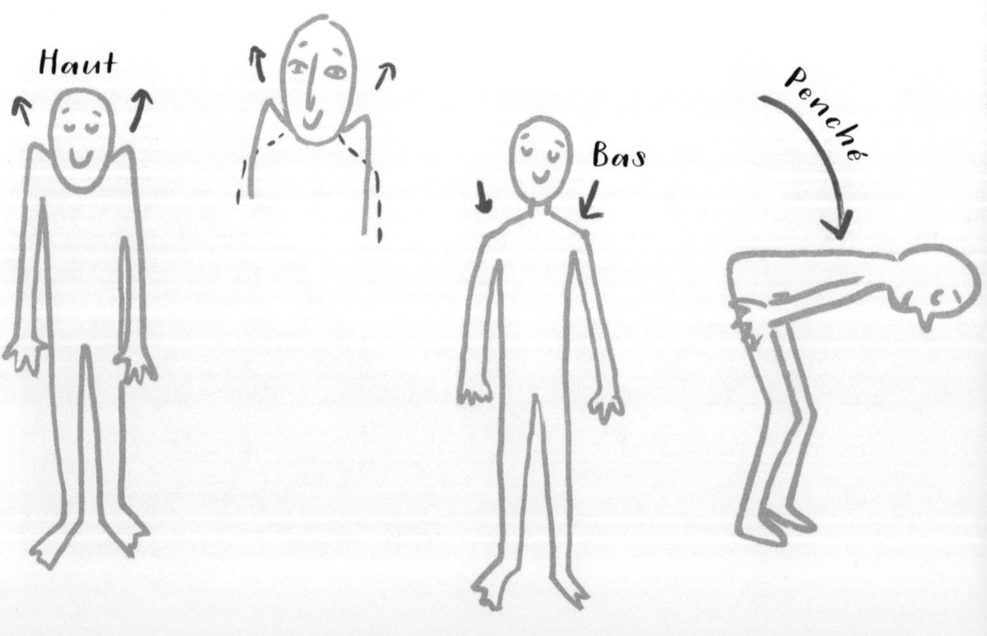

Étirement du dos

Allongé sur le sol, amenez votre genou droit vers votre cage thoracique puis laissez-le retomber sur votre gauche. Posez la main gauche sur votre genou droit et tendez votre bras droit vers l'avant. Portez votre regard sur la droite, ou laissez tomber votre tête sur le côté. Répétez l'exercice dans le sens opposé. Cet exercice étirera tranquillement votre colonne vertébrale.

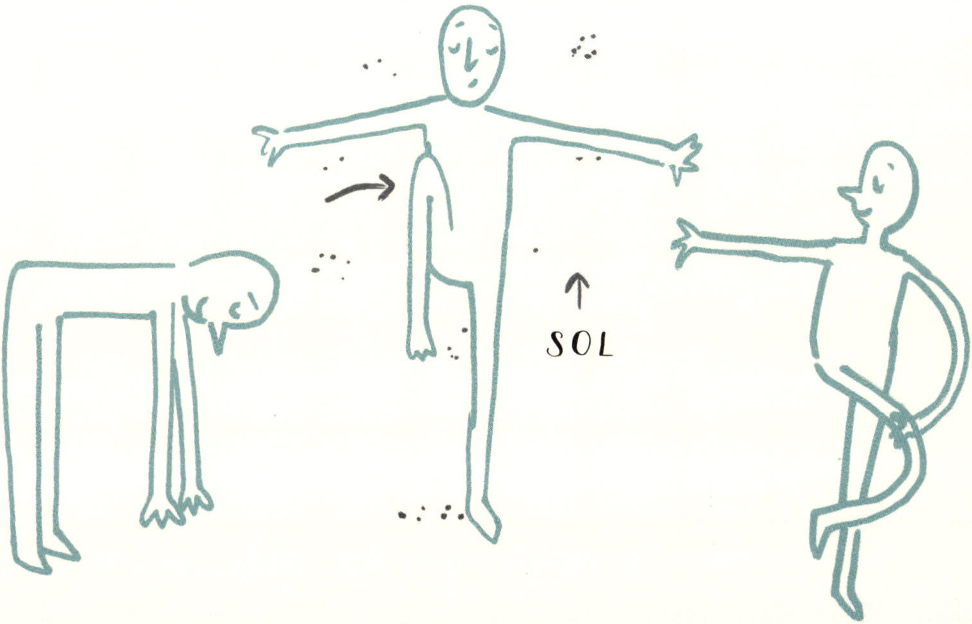

Prenez un bain

Depuis des milliers d'années, le bain est lié à la santé et à la relaxation. Les Romains étaient tellement enthousiastes à l'idée de se baigner qu'ils tenaient leurs réunions importantes dans les grands bains publics. L'hydrothérapie est aujourd'hui utilisée par les physiothérapeutes et les thérapeutes spécialisés dans le domaine du sport, et les spas de thalassothérapie sont populaires à travers le monde entier. Les propriétés guérissantes de l'eau de mer y sont utilisées dans une large gamme de traitements relaxants et de récupération.

Un bain de minuit est l'opportunité rêvée de profiter d'un moment de sérénité. Commencez par vous concentrer sur le son de l'eau qui coule. Ajoutez-y du bain moussant aromatique et regardez les bulles se former jusqu'à remplir la baignoire. Allumez une bougie et posez-la à un endroit où vous pourrez admirer la flamme vaciller pendant que vous baignez dans l'eau chaude. Portez votre attention à chaque partie de votre corps pendant que vous glissez peu à peu dans cette vague de chaleur. Fermez les yeux et respirez profondément.

1 Mettez en place un couvre-feu technologique. La lumière émanant d'un téléviseur, d'un téléphone portable ou d'un ordinateur interfère avec le rythme circadien du corps. Une étude menée par des chercheurs de la *Harvard Medical School*, aux États-Unis, a montré que des fréquences particulières de lumière interrompent la production de mélatonine, l'hormone qui régule nos cycles de sommeil. Éteignez vos équipements électroniques au moins une heure avant d'aller vous coucher. Lisez un livre, et si vous utilisez une liseuse électronique, télécharger un filtre à lumière bleue pour l'utiliser le soir.

2 Buvez moins d'alcool. Une étude menée par les professeurs Chris Idzikowski et Irshaad Ebrahim, du *London Sleep Centre*, a montré que même si consommer de l'alcool permet de s'endormir plus rapidement, le sommeil est alors de moins bonne qualité. Le temps passé par les volontaires alcoolisés en sommeil paradoxal est moindre, et leur sommeil est plus agité que ceux qui sont à jeun.

3 Faites du sport plusieurs fois par semaine. Des études ont montré que les sportifs réguliers dorment mieux que les individus inactifs, même si un entraînement intense juste avant de se coucher peut avoir l'effet inverse.

4 Baissez le chauffage. La température idéale pour une bonne nuit de sommeil s'élève à 18°C, quelques degrés de moins que la température ambiante. Si vous avez trop chaud dans la nuit, vous aurez tendance à vous sentir peu reposé au réveil.

5 Prenez une boisson chaude au lait. Cela peut vous aider à vous endormir car le lait contient du tryptophane, un acide aminé qui stimule la production de sérotonine, le neurotransmetteur qui booste l'humeur et qui est associé aux sentiments de relaxation et de calme. Si vous n'aimez pas le lait, optez pour une infusion à base de plantes avec un effet calmant comme la camomille ou la racine de valériane. Il y a beaucoup de variétés d'infusions propices au sommeil dans le commerce, essayez-en jusqu'à trouver celle qui vous convient le mieux.

RÈGLES D'UN SOMMEIL SAIN

« Quand je suis inquiet
et que je n'arrive pas à dormir,
2
1

« Je compte mes bénédictions au lieu de compter les moutons. »

BING CROSBY

Si vous avez des difficultés à vous endormir, essayez d'imaginer une scène naturelle calme, un paysage bucolique et rural par exemple, ou le clapotis des ondes de l'eau au bord d'un beau lac. Cette visualisation simple vous aidera à déconnecter du monde extérieur. Des chercheurs de l'université d'Oxford ont montré que, lorsque des volontaires imaginent ce genre de scènes, ils s'endorment en moyenne vingt minutes plus tôt que ceux qui n'utilisent pas cette technique. Évitez de compter les moutons car cette même étude a prouvé l'inutilité de cette méthode.

DATE

CE QUI M'A APAISÉ AUJOURD'HUI

JE SUIS RECONNAISSANT À

LES TROIS MOMENTS PRÉFÉRÉS DE MA JOURNÉE ?

Les transports en commun offrent l'opportunité d'une rare et précieuse tranche de solitude.

Une des qualités d'or du voyage consiste en sa liminalité. Le fait que vous ne soyez jamais au même endroit, toujours en mouvement, se présente comme un moment de pause rare, un moment de paix suspendu dans l'espace.

La prochaine fois que vous sentirez votre pression artérielle grimper pendant un trajet, essayez de vous distraire en vous concentrant sur les sons autour de vous. Essayez simplement de les entendre comme des « bruits ». Des pensées vous traverseront l'esprit. Laissez-les s'éloigner. Revenez toujours à votre environnement sonore : voix, voitures, oiseaux, musiques qu'écoutent vos compagnons de voyage. En apprenant à vous concentrer ainsi, votre irritation habituelle à monter dans les transports ne verra même plus le jour.

Avec l'introduction du Wi-Fi dans la plupart des lieux publics et notre habitude de vérifier nos e-mails très régulièrement – pour ne pas dire trop régulièrement –, nous ne faisons qu'augmenter notre stress et jetons aux loups une fois de plus une opportunité de sérénité.

MER
NE
BON

CALME
FAIT
PAS
MARIN

ce TRAiN EST UN

LiEU de

CommUniCation

PRÉPAREZ -VOUS

À PARLER

À UN ÊTRE

HUMAIN

Bonjour

Méditation du voyage

Afin d'éviter le stress que vous rencontrez chaque jour dans les transports en commun, pratiquez une méditation de compassion pour vous-même et ceux qui vous accompagnent. Que vous soyez dans un bus ou un train, vous pouvez commencer par cette méditation dès que vous êtes assis.

Tout d'abord, commencez avec l'esprit plein de compassion : pensez à être bon envers les autres. Quel que soit le moyen de transport que vous utilisez, vous pouvez choisir de ne pas laisser les embouteillages ou les rames de métro bondées vous rendre anxieux. Plutôt qu'essayer de gagner du temps à tout prix, prenez-en pour pratiquer la relaxation dans le moment présent.

Utilisez les Klaxon, les sonnettes, le bruit que vous pourriez entendre afin de revenir dans le moment présent. L'esprit détendu, considérez les personnes qui vous entourent, sans les juger. Rappelez-vous qu'elles aussi sont là, tout comme vous, pour une raison simple : aller quelque part.

Si vous vous retrouvez bloqué dans un embouteillage, ou si votre voisin de banquette se met à tousser, ne réagissez pas avec aversion, mais observez plutôt les autres voyageurs avec compassion. Profitez de cette opportunité pour ressentir ce qui vous lie aux autres.

Continuez votre trajet, conservez cette attitude de compassion. Vous verrez qu'elle transformera non seulement votre voyage, mais également le reste de votre journée.

BIENVENUE À
L'île de la Sérénité
UNE CABANE AVEC UN POÊLE À BOIS
UNE PLAGE PRIVÉE
DES FLAMANTS ROSES DANS UN LAC
UN MINIBUS POUR VOYAGER
UN VÉLO POUR SE BALADER
N
O
E
S

Dessinez votre île

Pourquoi ne pas prendre un autre itinéraire pour aller au travail ?

Casser la routine est bon pour l'esprit. Prendre un itinéraire différent rend par exemple service au cerveau, cela le relance, le fait sortir de son mode autopilote. En plus, sortir de sa zone de confort permet parfois de découvrir quelque chose de beau : une perle architecturale jusqu'alors inconnue, un magnifique arbre ancien, un petit musée oublié, ou une épicerie géniale que vous ne connaissiez pas encore.

SORTEZ DES SENTIERS BATTUS.

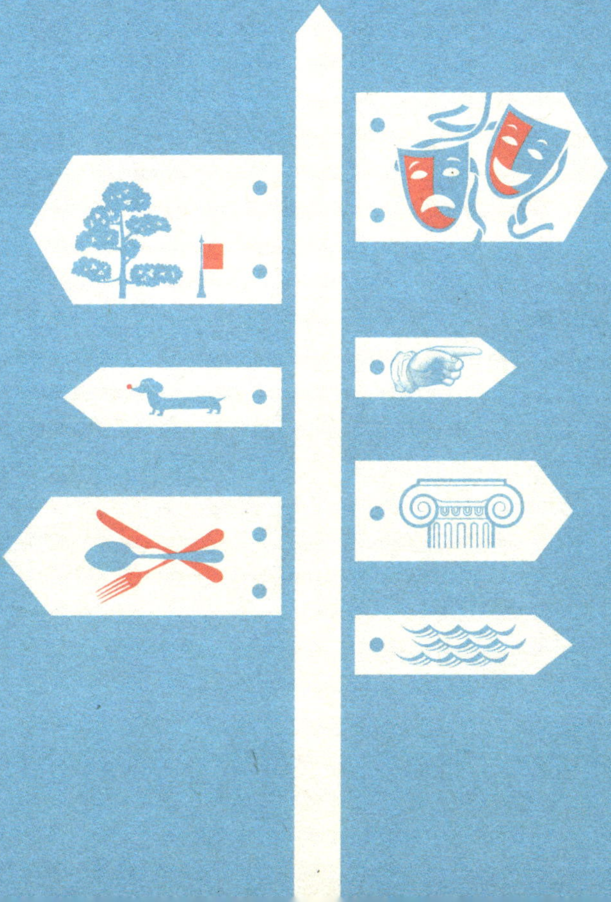

Allez Marcher

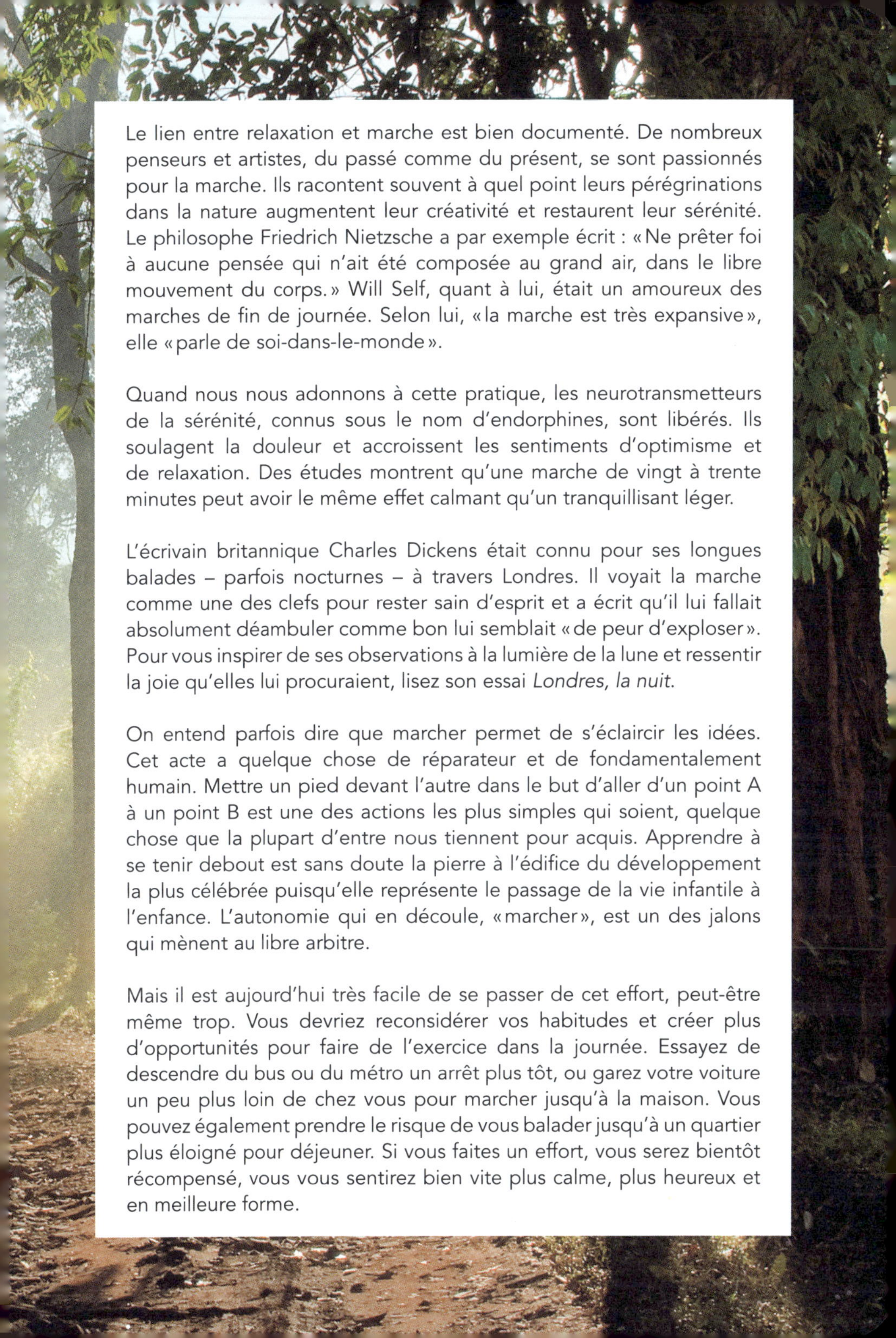

Le lien entre relaxation et marche est bien documenté. De nombreux penseurs et artistes, du passé comme du présent, se sont passionnés pour la marche. Ils racontent souvent à quel point leurs pérégrinations dans la nature augmentent leur créativité et restaurent leur sérénité. Le philosophe Friedrich Nietzsche a par exemple écrit : « Ne prêter foi à aucune pensée qui n'ait été composée au grand air, dans le libre mouvement du corps. » Will Self, quant à lui, était un amoureux des marches de fin de journée. Selon lui, « la marche est très expansive », elle « parle de soi-dans-le-monde ».

Quand nous nous adonnons à cette pratique, les neurotransmetteurs de la sérénité, connus sous le nom d'endorphines, sont libérés. Ils soulagent la douleur et accroissent les sentiments d'optimisme et de relaxation. Des études montrent qu'une marche de vingt à trente minutes peut avoir le même effet calmant qu'un tranquillisant léger.

L'écrivain britannique Charles Dickens était connu pour ses longues balades – parfois nocturnes – à travers Londres. Il voyait la marche comme une des clefs pour rester sain d'esprit et a écrit qu'il lui fallait absolument déambuler comme bon lui semblait « de peur d'exploser ». Pour vous inspirer de ses observations à la lumière de la lune et ressentir la joie qu'elles lui procuraient, lisez son essai *Londres, la nuit*.

On entend parfois dire que marcher permet de s'éclaircir les idées. Cet acte a quelque chose de réparateur et de fondamentalement humain. Mettre un pied devant l'autre dans le but d'aller d'un point A à un point B est une des actions les plus simples qui soient, quelque chose que la plupart d'entre nous tiennent pour acquis. Apprendre à se tenir debout est sans doute la pierre à l'édifice du développement la plus célébrée puisqu'elle représente le passage de la vie infantile à l'enfance. L'autonomie qui en découle, « marcher », est un des jalons qui mènent au libre arbitre.

Mais il est aujourd'hui très facile de se passer de cet effort, peut-être même trop. Vous devriez reconsidérer vos habitudes et créer plus d'opportunités pour faire de l'exercice dans la journée. Essayez de descendre du bus ou du métro un arrêt plus tôt, ou garez votre voiture un peu plus loin de chez vous pour marcher jusqu'à la maison. Vous pouvez également prendre le risque de vous balader jusqu'à un quartier plus éloigné pour déjeuner. Si vous faites un effort, vous serez bientôt récompensé, vous vous sentirez bien vite plus calme, plus heureux et en meilleure forme.

La passeggiata

Le concept italien de *passeggiata* correspond à une marche dans le voisinage, le soir. On la pratique généralement après un long dîner en famille. Cette balade a quelque chose de momentané, de décidé sur l'instant, quelque chose d'élégant aussi. Même si cela n'a rien de formel, on aime faire un effort pour être présentable. C'est également une activité de socialisation. Beaucoup sortent dans la rue et l'on croise toujours des visages familiers profitant de l'air frais du soir. Ce rituel fait entièrement partie de la routine italienne. Ce n'est ni un plaisir rare ni une corvée, mais plutôt un moment de bonheur quotidien simple.

Cette tradition est une activité singulière et vitale à la création d'un sentiment d'appartenance à une communauté. Les voisins se rencontrent pour une discussion improvisée et chacun se sent plus proche de son environnement direct. Les jeunes comme les moins jeunes se côtoient, associant ainsi différentes générations en brisant toutes frontières sociales. Plus important, il s'agit là d'une occasion idéale pour profiter d'un moment de relaxation calme et totalement libre à la fin de la journée. C'est un voyage sans but, la parfaite illustration de l'esprit italien de *dolce far niente* : la douceur de ne rien faire.

Seattle
Olympia
Columbia River
Portland
Salem
Helena
Boise
Great Salt Lake
Reno
Sacramento
Carson City
Salt Lake City
San Francisco
San Jose
Fresno
Las Vegas
Colorado River
Los Angeles
San Bernardino
San Diego
Phoenix
Tucson
Santa Fe
Albuquerque
El Paso

POST CARD

PLACE POSTAGE STAMP HERE

« Il y a des années, je me suis rendu à San Francisco pour affaires. Une fois le travail terminé, j'avais planifié une visite dans le Colorado pour voir de la famille. Mon premier choix fut d'ouvrir mon ordinateur portable pour rechercher les horaires des vols. Mais à la place, j'ai envisagé l'option ferroviaire. Je n'aurais jamais pensé à cela en temps normal puisque cette possibilité nécessite beaucoup plus de temps. Mais je n'étais pas pressé. Je me suis donc acheté un billet pour le *Amtrak California Zephyr* et ce voyage s'est transformé en un de mes souvenirs préférés. Le train mit vingt-quatre heures à traverser les Rocheuses et à longer la rivière Colorado. Le toit d'un des wagons était en verre, j'ai ainsi pu passer de longues heures à observer les magnifiques paysages près desquels nous passions, les autres passagers et moi, à rêvasser et à dessiner. Cela m'a également permis de rencontrer des personnages plus différents les uns des autres, et à me sentir proche d'eux comme jamais, surtout pas dans les aéroports ou les avions. Je suis arrivé à destination reposé, calme, redynamisé. J'ai volé des centaines de fois dans ma vie et pourtant, c'est à ce voyage en train que je pense le plus souvent. »

Michael Acton Smith

“Souris,

et va

respire
lentement."

Mantra

Comment rester calme dans les airs ?

Téléchargez une application de méditation.
Grâce à l'application *Calm*, vous trouverez de nombreuses méditations spécialement créées pour évacuer toute anxiété que vous pourriez ressentir. Concentrez-vous sur l'une d'elles et dites au revoir aux mauvaises ondes.

Bon à savoir…
Le voyage en avion est le mode de transport le plus sécurisé qui existe à ce jour. C'est vingt-deux fois plus sécurisé que prendre sa voiture. Vous avez une chance sur onze millions de mourir dans un accident d'avion. Alors respirez profondément et calmez-vous.

Essayez l'autohypnose.
La recherche montre que l'hypnothérapie est un moyen efficace de combattre l'aviophobie. Il existe de nombreux livres, sites Internet, et vidéos *Youtube* gratuites présentant des techniques d'autohypnose qui vous aideront à surmonter votre peur de voler.

Évitez l'alcool.
Les effets physiologiques de l'alcool peuvent exacerber les symptômes d'anxiété en aggravant les vertiges et en accélérant le rythme cardiaque. Restez sobre !

N'allez pas trop vite.
Si vous êtes stressé parce que pressé, vos taux de cortisol et d'adrénaline seront élevés avant même de monter dans l'avion. Prenez votre temps et, si vous le pouvez, saisissez l'opportunité de lire en silence avant votre vol.

Pensez à autre chose.
La distraction est un outil de relaxation puissant. Écouter de la musique douce et lire un livre sont des techniques qui vous aideront toutes deux à revenir à la sérénité.

N'hésitez pas à flirter.
Discuter avec le voisin de cabine est un moyen génial de détourner son attention de l'anxiété qui nous envahit.

Voyagez heureux

Portez un regard nouveau sur les turbulences.
Lors d'un voyage dans les airs, il est fréquent de faire l'expérience de ce que l'on appelle les turbulences. Ce phénomène s'explique par la traversée par l'avion d'une zone d'air agitée, une zone tumultueuse du ciel, ou une zone où deux courants d'air vont à une vitesse ou dans une direction différente. C'est le pire scénario pour tout aviophobe qui se respecte. Mais elles n'ont pas causé un seul accident de vol commercial depuis presque cinquante ans. Et le matériel d'aujourd'hui est bien plus résistant qu'à l'époque.

Dites non à la caféine.
Les expressos peuvent aggraver les symptômes de l'anxiété. Optez plutôt pour un thé aux aromates relaxants (apportez vos propres sachets et demandez à un steward de l'eau chaude). Soyez certain d'inhaler l'arôme apaisant en même temps que vous le sirotez.

DATE

CE QUI M'A APAISÉ AUJOURD'HUI

JE SUIS RECONNAISSANT À

LES TROIS MOMENTS PRÉFÉRÉS DE MA JOURNÉE ?

Relationnel

Nous rêvons tous d'une relation idéale, d'un conjoint que nous serions toujours ravis de retrouver le soir venu.

Ne serait-il pas formidable de vivre ses journées dans l'unique but de rejoindre l'être aimé ? Bien sûr, c'est ce que chacun espère. De la même façon, nous aspirons tous à avoir le temps de nourrir de profondes et épanouissantes relations avec nos amis et la patience et la compassion de gérer nos relations familiales. Mais dans la réalité, cela reste parfois lettre morte.

Dans l'idéal romantique, une relation offre un sanctuaire émotionnel, un endroit où se réfugier afin de récupérer d'un choc venu du monde extérieur. Beaucoup d'entre nous rêvent d'une relation calme et positive basée sur le respect mutuel et la compassion. Mais bien trop souvent, le stress de la vie quotidienne prend le pas sur nos bonnes intentions. Si vous avez eu une mauvaise journée au travail, un trajet retour particulièrement déplaisant ou du mal à gérer la colère de votre enfant, vos mécanismes négatifs de réponse sont déjà enclenchés quand vous rentrez chez vous rejoindre votre partenaire. La recherche montre d'ailleurs que le stress est contagieux dans les couples. Selon une étude récente, 40 % des individus se sentent stressés quand leur partenaire l'est aussi.

Ceux qui méditent sont capables de mieux exprimer sentiments et pensées.

Entraîner votre cerveau à penser, agir et communiquer de façon réfléchie est un bon moyen de refouler toute cette négativité. Une série de recherches a montré que méditer peut améliorer vos relations avec les autres, qu'elles soient romantiques, familiales ou professionnelles. Ceux qui méditent ont plus de facilités à exprimer leurs pensées et sentiments. Ils montrent plus d'empathie, gèrent mieux le stress et se sentent généralement plus satisfaits de leurs rapports sociaux.

La recherche montre également que les partenaires pratiquant la méditation de pleine conscience sont plus proches, plus tolérants, et plus autonomes. De façon similaire, une méditation de la compassion comme celle page 116 peut aider à vous rapprocher de votre conjoint. Dans une étude de 2007, il a été prouvé qu'une méditation de compassion rapide suffisait à augmenter les sentiments positifs envers les autres de façon immédiate. Essayez, tous les aspects de votre vie en bénéficieront.

Pratiquer une méditation de la compassion peut augmenter votre désir sexuel.

Le moine bouddhiste français Matthieu Ricard a beaucoup écrit sur le bonheur et la pleine conscience. Il résume l'importance de la sérénité dans un couple en décrivant les dommages causés quand la colère prend le dessus : « En général, quand nous sommes en colère, haineux ou excédés par quelqu'un, ou obsédés par quelque chose, l'esprit revient encore et toujours au même sujet. À chaque fois qu'il y pense, cela renforce l'obsession ou l'agacement. Et donc le processus s'auto-entretient. » Le piège serait de rester coincé dans ce cercle vicieux et de le confondre avec la réalité de la relation.

À l'inverse, quand vous êtes serein, même les conversations houleuses et les désaccords les plus grands sont faciles à gérer. Nous savons tous qu'élever la voix, rabaisser quelqu'un et autres réponses qui ne volent pas haut ne mènent nulle part. En réagissant de cette façon, le contrôle mental cède, et c'est l'amygdale qui prend le dessus (partie du cerveau responsable de la réponse émotionnelle aux stimuli ; intérêt primaire à assurer la survie). Le corps active un mode haute sécurité, la pression sanguine augmente, tout comme le rythme cardiaque. Les muscles se contractent. Tout cela rend l'écoute, la pensée rationnelle et une réaction sereine pratiquement impossibles.

En ce qui concerne le relationnel, les avantages d'une approche sereine sont clairs. Adopter une attitude générale axée sur une sérénité forte peut tracer la voie vers une meilleure connexion physique. Le sexe tantrique, auquel le chanteur Sting a été associé pendant les années 1990, est une autre expression pour « sexe en pleine conscience ». Les techniques tantriques se concentrent sur la respiration, la sensation et la connexion. Dans un certain nombre d'études, la pleine conscience s'est révélée un très bon moyen de traiter les troubles sexuels. Lori Brotto, professeur de gynécologie à l'université de British Columbia, aux États-Unis, a démontré à travers son travail que cette pratique peut augmenter le désir sexuel des femmes ayant une libido faible et les aider à retrouver du plaisir dans leur sexualité.

Et il ne faut surtout pas oublier les amis de longue date, car ces relations peuvent souvent durer et nous soutenir au moins autant, si ce n'est plus, que nos relations romantiques et intimes. Si la pleine conscience peut améliorer la relation avec notre partenaire, elle permet également de faire de chacun un ami meilleur. Vous verrez, vos amis le remarqueront et sauront vous récompenser. Des recherches montrent même que pratiquer la pleine conscience améliore le contact et l'empathie avec des inconnus. Pour faire court, une approche sereine peut faire du monde qui vous entoure un endroit plus amical, plus positif.

MAHATMA GANDHI

DESSINEZ VOTRE PROPRE TATOUAGE

Vous pouvez tout à fait ne pas avoir envie de vous faire tatouer dans la réalité, mais l'art du tatouage reste néanmoins un moyen génial d'explorer votre créativité. Sur cette page, dessinez-en un pour quelqu'un que vous aimez, ou pour vous-même. Créez quelque chose de beau et d'unique.

ÉTEIGNEZ VOTRE

La prochaine fois que vous passez du temps avec quelqu'un que vous aimez, éteignez votre téléphone. Concentrez-vous simplement sur cette personne et écoutez attentivement. Observez-la avec un regard frais et nouveau, remarquez la façon dont elle s'exprime, son grain de peau, la lumière dans ses yeux. Donnez à la conversation toute votre attention.

TÉLÉPHONE

L'ARBRE DE L'AMOUR

Ceci est un arbre de l'amour. Ramassez des feuilles quand vous vous baladez, et collez-les ici quand vous avez le temps. En utilisant un marqueur ou un stylo argenté, écrivez le nom des personnes que vous aimez le plus au monde sur ces feuilles. Tout en collant chacune d'entre elles à l'arbre, visualisez la personne aimée et envoyez-lui une pensée positive et aimante. C'est aussi une très belle activité à réaliser avec des enfants, particulièrement si vous avez des amis et des proches qui vivent loin de vous.

Maman

Méditation sur la compassion

Asseyez-vous confortablement dans un endroit calme, prêt à débuter une nouvelle méditation.

Avant de vous ouvrir à l'amitié, à la bonté et à la connexion aux autres, commencez par travailler sur vous. Réfléchissez à une qualité ou un attribut dont vous êtes doté et que vous appréciez, ou quelque chose qui vous rend fier. Pensez-y un moment et soyez positif envers vous-même. C'est ce que l'on appelle l'autocompassion.

Puis, commencez à identifier vos objectifs importants. Cela pourrait correspondre à des choses comme « être heureux » ou « être en bonne santé » ou encore « rester hors de danger ». Réciter la formule qui vous tient à cœur et qui vous semble la plus significative. Répétez-la plusieurs fois.

Une fois que vous avez adopté cette nouvelle attitude bienveillante envers vous-même, faites-la ensuite ressentir aux autres. Pensez à une personne que vous aimez et offrez-lui ce même vœu.

À la fin de cette méditation, considérez la façon dont cette pratique améliore les sentiments de bonté, de compassion et de connexion envers autrui.

Être en
bonne santé
Être heureux
Rester
hors de
danger

Qui sont celles et ceux
qui vous rendent heureux ?

Faites une liste des dix personnes qui vous rendent le plus heureux.

Elle peut recenser n'importe qui : amis, écrivains qui vous inspirent, penseurs. Revenez à cette liste régulièrement (pourquoi ne pas la prendre en photo avec votre téléphone pour l'avoir toujours près de vous ?). Dès que vous sentez le stress monter, appelez une personne de cette liste ou lisez le livre de l'une d'entre elles afin d'absorber leur sagesse.

1. ....

2. ....

3. ....

4. ....

5. ....

6. ....

7. ....

8. ....

9. ....

10. ....

DATE

CE QUI M'A APAISÉ AUJOURD'HUI

JE SUIS RECONNAISSANT À

LES TROIS MOMENTS PRÉFÉRÉS DE MA JOURNÉE ?

Travail

SOFT ICE CREAM
SWEETS
LOLLIES
CRISPS
DRINKS
Freshly Made Just For You

Fermez les yeux et imaginez le lieu de travail idéal.

Fermez les yeux et imaginez le lieu de travail dont vous rêvez. Votre supérieur attend de vous que vous preniez une pause-déjeuner, un cocon de méditation est mis à disposition de tout employé qui se sentirait stressé et les réunions en équipe commencent par un exercice de respiration silencieux. La fenêtre de votre bureau offre une douce lumière naturelle et donne sur une forêt dense composée d'arbres et de plantes aussi belles que variées. Des cours de yoga sont dispensés dans une des salles de remise en forme et la chaise dans laquelle vous vous asseyez a été créée pour améliorer votre confort. Loin d'être un rêve, ce type d'environnement de travail est aujourd'hui offert par un grand nombre d'entreprises, des plus grandes multinationales aux start-up florissantes, qui toutes font du bien-être de leurs employés le cœur de leur philosophie.

Selon Arianna Huffington, la raison pour laquelle la notion de bien-être est passée de la marge au mainstream réside dans le fait que les grands dirigeants ont finalement apprécié à sa juste valeur l'intérêt majeur de cette approche : «[C'est] le meilleur moyen – le seul en réalité – d'optimiser non seulement le bonheur mais également l'épanouissement et la productivité, la créativité et, bien sûr, le profit. C'est la seule manière durable d'aller de l'avant, non seulement pour les individus mais aussi pour les entreprises, les communautés et la planète.» En tant que fervente partisane des bénéfices de la pleine conscience, elle a mis en place des salles de méditation dans les bureaux de l'*Huffington Post*, tout comme l'ont fait des entreprises telles que BP et eBay. Goldman Sachs utilise des cocons de méditation, et tout le monde – des sociétés de premier ordre à l'industrie pharmaceutique en passant par les leaders de la révolution technologique chez Google, Facebook et Etsy – adopte cette nouvelle culture d'entreprise axée sur la sérénité.

La recherche est très claire quant aux bénéfices de ces mutations dans la philosophie du travail : lorsqu'un groupe de personnes doit mettre en commun créativité, idées et compétences, sérénité et conscience de soi sont indispensables. La productivité en ressort toujours améliorée. La culture du *feel-good* est aujourd'hui devenue le graal à atteindre au bureau, le but ultime des responsables des ressources humaines qui souhaitent améliorer la satisfaction des salariés. La pratique de la pleine conscience permet souvent une empathie accrue et le développement de la conscience de soi, notions essentielles au *team-building*, au sentiment d'être tous ensemble « dans le même bateau ». Introduire une approche sereine du travail n'est pas nécessairement coûteux et ne prend pas forcément beaucoup de temps. Cela peut être aussi simple qu'une courte méditation ou l'écoute d'un enregistrement de pleine conscience.

"C'est un de mes mantras - focus et simplicité. La simplicité peut être plus difficile à atteindre que la complexité : il faut travailler dur pour bien penser et faire simple."

Steve Jobs

Une étude américaine de 2012 réalisée par des responsables des ressources humaines a montré qu'après huit semaines d'entraînement à la méditation de pleine conscience, les travailleurs étaient plus concentrés. Preuve s'il en fallait que se sentir heureux à son poste ne dégrade en rien le professionnalisme (une des anxiétés ressenties par les patrons d'entreprise lors de discussions sur la pleine conscience). Redécouvrir la sérénité peut aussi augmenter la capacité de penser de façon créative et garantit une concentration moindre sur les habituelles pensées négatives, celles qui peuvent nous distraire et nous éloigner de nos missions.

De nombreux changements sont venus accompagner cette révolution de la philosophie d'entreprise. Par exemple, de nombreux dirigeants mettent aujourd'hui en place une plus grande flexibilité, afin de permettre aux employés qui le souhaitent de travailler à mi-temps ou de gérer leurs plannings et horaires selon leurs envies. Et la façon dont les bureaux sont conçus est également en train de vivre une transformation sans précédent. Le bâtiment dessiné pour *Second Home* – une communauté créative pour entrepreneurs et entreprises – par Selgas Cano, dans le quartier londonien de Shoreditch, est une structure transparente aux murs courbés avec des canopées intégrées au bâtiment. On trouve même sur place un chef qui cuisine de délicieux plats équilibrés. Cette évolution ouvre la voie à des environnements professionnels qui inspirent et calment leurs usagers non seulement grâce à leur esthétique et leur ergonomie, mais aussi par la philosophie qu'ils semblent promouvoir.

N'ayez crainte, même si vous ne travaillez pas dans un bâtiment futuriste, vous pouvez vous aussi agir pour améliorer votre bien-être au travail. En plus de pratiquer la méditation, trouver le bon équilibre entre repos et productivité est une des clefs qui mènent à la sérénité. Et cela vaut dans une grande entreprise où les journées sont rythmées par des interactions avec les collègues, des réunions et des sessions de *brainstorming*, ou seul, assis à votre bureau avec pour seul compagnon votre habileté à vous concentrer, à structurer votre pensée et vos idées, afin de dynamiser votre intellect. Quel que soit votre travail, la recherche montre que prendre des pauses dans la journée aide à une plus grande créativité et à une meilleure concentration. Cela permet au cerveau d'être plus alerte, réceptif et imaginatif.

Faire des pauses
dans la journée
aide à la créativité
et à la concentration.

Albert Einstein a conçu la théorie de la relativité alors qu'il faisait un tour dehors, sur son vélo.

Les exemples abondent quand il s'agit de citer les plus grands esprits de l'histoire de l'humanité qui travaillaient dur mais prenaient aussi de sacro-saintes pauses : Charles Dickens, Charles Darwin et autres grands esprits. Winston Churchill travaillait rarement après midi, Victor Hugo écrivait le matin et faisait un tour en autobus ou allait déjeuner avec des amis l'après-midi. On raconte qu'Albert Einstein a conçu la théorie de la relativité alors qu'il était parti faire un tour à vélo. Ray Bradbury a écrit *Fahrenheit 451* dans une bibliothèque publique en une trentaine de jets, alors qu'il débutait comme jeune auteur. Là, pour un sou, il pouvait utiliser une machine à écrire pendant trente minutes. Ce créneau restreint a permis un résultat incroyablement productif.

Le cerveau, comme le reste de nos muscles, ressent la fatigue et l'usage abusif que l'on peut parfois en faire. Il a donc besoin de temps pour récupérer. Une étude américaine de 2011 publiée dans le journal *Cognition* a montré l'importance de la pause. Les scientifiques ont demandé à des volontaires de réaliser des tâches répétitives sur un ordinateur pendant cinquante minutes. Une partie d'entre eux avait droit à deux pauses au cours de l'exercice. Ils se sont montrés concentrés du début à la fin. À l'inverse, ceux qui ont essayé de terminer sans prendre de pause ont vu leur attention décliner au fur et à mesure de l'avancée de la mission.

'ON N'ARRÊTE
VAGUES
JON
KABAT-ZINN

PAS LES
MAIS ON PEUT
APPRENDRE À
SURFER. »

Une méditation par balayage corporel pour vous préparer à la journée

La pratique simple du balayage corporel est un bon moyen de commencer la journée. Cela vous permet d'exploiter la sérénité ressentie au réveil avant qu'elle ne déguerpisse. Au lieu de vous propulser de manière irréfléchie dans votre journée de travail, un début en pleine conscience vous aidera à vous sentir mieux équipé pour gérer les facteurs stressants de votre travail et de votre vie à la maison.

Choisissez une position confortable, fermez les yeux et respirez de façon naturelle. Concentrez-vous sur votre respiration – inspiration puis expiration – en pensant au chemin emprunté par l'air dans votre corps.

Une fois profondément relaxé, portez votre attention sur le sommet de votre crâne et notez les sensations que vous pourriez y ressentir. Cela pourrait être de la chaleur ou des picotements. Les sensations particulières ne sont pas importantes. Ce qui compte, ce sont vos sentiments. Maintenant, portez votre attention sur votre visage, votre mâchoire, votre cou et vos épaules, tout en gardant conscience des autres parties de votre corps : bras, mains, estomac et dos. Puis concentrez-vous sur votre pelvis et vos ischiums (partie postérieure de l'os de l'articulation de la hanche, ou os coxal), vos jambes et vos pieds, tout en respirant de façon détendue.

Enfin, prenez une dernière inspiration profonde, souriez légèrement et acceptez d'apporter cette tranquillité d'esprit à votre journée.

Exercices sur l'anxiété

Si vous sentez que votre stress ou votre anxiété augmente à un moment donné, lorsque vous êtes au travail, essayez ces exercices simples :

1. Ralentissez votre respiration. Quand nous nous sentons anxieux, nous avons tendance à respirer de façon rapide et saccadée, ce qui a tendance à augmenter notre stress. Pour combattre cela, décélérez votre respiration. Inspirez lentement et profondément par le nez en comptant jusque quatre. Retenez votre respiration pendant une à deux secondes, puis expirez lentement en comptant jusque quatre. Répétez plusieurs fois.

2. Remettez vos réactions en question. Quand vous faites face à des situations stressantes, posez-vous ces questions : suis-je en train de me livrer à des conclusions hâtives, de magnifier cette situation ? Est-ce une opportunité de mieux communiquer mes besoins ? Puis-je penser qu'avec le temps cette situation va s'arranger ?

3. Prenez une pause. Si quelque chose ou quelqu'un au travail est une cause de stress, retirez-vous de la situation et reprenez votre calme. Faites le vide et changez de perspective. Prenez un en-cas, changez de pièce ou allez dehors prendre un peu l'air. Cela vous aidera à vous détendre et à recharger les batteries.

25 techniques DE PAUSE

3 Allez courir

4 Prenez votre vélo et allez faire un tour

5 DANSEZ

1 SAUTEZ

De la corde à sauter au trampoline, la sensation libératrice de lévitation que l'on ressent en sautant est instantanée. C'est la raison pour laquelle le célèbre photographe Philippe Halsman aimait capturer ses sujets – de Marilyn Monroe à Richard Nixon – en plein acte de défiance gravitationnelle temporaire. Sautez !

2 Soyez le témoin d'une merveille du quotidien

Il y en a partout quand vous les cherchez. Cela pourrait être une araignée tissant sa toile, des fourmis rapportant leur butin, des fragments de feuilles, les progrès balbutiants d'un enfant à travers la pièce, ou la transformation du ciel au crépuscule, par exemple.

6 ÉCOUTEZ DE LA MUSIQUE CLASSIQUE

La musique classique a un effet apaisant sur le corps et l'esprit. Cela fait baisser la pression sanguine et le taux de cortisol. Selon certaines études, écouter de la musique calme avant et après une opération réduit l'anxiété et la douleur de certains patients.

7

Si vous êtes resté suspendu au clavier de votre ordinateur toute la journée, lâchez tout et succombez à la position suivante : posez les jambes et les pieds en l'air contre un mur, les fesses contre le bas de ce dernier. Respirez profondément et détendez-vous.

8 Soupirez

Lâcher un « aaaaah » ou un « ommmmmm » plein de compassion vous aidera à combattre ce sentiment qui se terre parfois dans votre poitrine à la fin d'une longue journée stressante. La vibration et la profonde respiration vous stimuleront.

9 Asseyez-vous en milieu naturel

Asseyez-vous dans un cadre verdoyant, comme un parc ou un jardin, et ne faites rien. Mettez vos sens en éveil et essayez de porter votre attention sur chaque détail. C'est un exercice de pleine conscience.

10 ACCROCHEZ-VOUS

Attrapez une branche bien solide, ou prenez une chaise pour vous accrocher à une balustrade. Maintenant que vous êtes accroché, ressentez le haut et le bas de votre dos s'étirer et vos pieds soulagés du poids de votre corps.

11 REGARDEZ les ÉTOILES

Bien couvert sous une épaisse couverture sur un balcon avec une tasse de thé bien chaud ou allongé sur une couverture dans l'herbe de votre jardin, ou encore depuis la fenêtre de votre chambre quand vous n'arrivez pas à dormir, regardez les cieux est un moyen immédiat de nourrir son esprit.

12 FAITES UNE SIESTE

Prenez le temps de faire la sieste. Le niveau d'énergie de notre corps varie grandement dans la journée. La recherche montre que la sieste a des bienfaits sur la physiologie. Alors si vous avez la possibilité de dormir un peu, faites-le.

13 Regardez de l'eau

Du bruit rythmé des vaguelettes en bord de mer à la douce rive couverte d'herbe verte d'une rivière lente en passant par le son envoûtant d'un ruisseau balbutiant, observez de l'eau est toujours apaisant. La recherche montre que le son de la mer peut également modifier nos ondes cérébrales, de la même façon que le sommeil profond et la méditation.

14 Regardez une peinture

15 Faites un collier de marguerites

16 ESSAYEZ DE VOUS FAIRE UN MASSAGE VOUS-MÊME

Prenez une balle de tennis, allongez-vous sur le dos et faites rouler la balle entre votre corps et le sol. Quand vous sentez des points tendus, pressez vos muscles contre la balle et expirez, en effectuant lentement de petits cercles pour évacuer toute tension.

17 ENLEVEZ LES FLEURS FANÉES D'UNE PLANTE

18 DESSINEZ UNE FEUILLE

19 Examinez un objet

Idéalement, il faudrait que cela soit un objet commun, que l'on tient pour acquis, et que l'on n'a jamais vraiment regardé auparavant. Cela pourrait être une tasse ou un vieil outil de jardinage. Explorez-le, concentrez-vous sur sa forme, ressentez-le, son poids, ses imperfections, ses bizarreries et ses caractéristiques les plus infimes.

20 PRENEZ QUELQU'UN DANS VOS BRAS

21 CHANTEZ

22 ESSAYEZ D'ALLER AU RALENTI

COMME DANS UNE SCÈNE DE FILM

23 PLANTEZ UNE GRAINE TOUTE SIMPLE

Préparer et planter un grand bac plein de salades ne vous prendra que dix minutes mais cela rend particulièrement heureux. Elles pousseront à un rythme réjouissant et donneront des salades délicieuses et très saines pour les mois à venir.

24 LISEZ UN LIVRE

25 Allez ramasser des fruits

Sevrage

De nos jours, ce concept a le vent en poupe. Des pédagogues avertissant des dangers de l'envahissement constant de la technologie (les étudiants éprouvent plus de difficultés à se concentrer, par exemple) aux chercheurs étudiant les impacts négatifs de notre appétit pour la distraction et l'affirmation via les réseaux sociaux, tout ou presque nous amène à vouloir nous éloigner du monde hyper-connecté dans lequel nous vivons aujourd'hui. « Déconnecter » est un bon moyen de rétablir l'équilibre. Michael Harris, journaliste canadien spécialiste de l'impact des nouvelles technologies sur l'individu, explique que notre volonté de toujours rester connecté nous mène à un état d'anxiété constante avec pour conséquences des dommages psychologiques importants.

De grandes entreprises comme le constructeur automobile Daimler encouragent les vacances déconnectées pour son personnel en cas de congés annuels grâce à une technique simple mais très efficace : désactiver temporairement leur boîte mail. Il s'agit là de l'affirmation des bienfaits ressourçants de débrancher. On trouve également, même dans le secteur des hautes technologies, des patrons comme Padmasree Warrior, responsable du secteur technologique de l'entreprise Cisco, qui prennent un jour sans téléphone portable par semaine. Récemment, un article qui a eu beaucoup de succès a révélé que Steve Jobs et sa femme refusaient d'offrir des iPads à leurs enfants et avaient mis en place un couvre-feu technologique strict à la maison. Quand même les architectes les plus estimés de notre temps cherchent à restreindre le pouvoir des technologies, il est peut-être temps de leur emboîter le pas.

Alors, par où commencer ? Résisterez-vous à la tentation de jeter un œil à votre écran quand vous avez quelques minutes de libre ? Pourquoi ne pas fixer quelques règles à la maison quant à l'utilisation et l'abus de technologie ? Cela semblera sans doute difficile au début, mais remarquez à quel point votre désir de distraction est élevé. C'est la preuve dont vous aviez besoin pour vous convaincre qu'il est grand temps de revenir au calme.

Digital

Svp

NE PAS DÉRANGER

TÉLÉPHONES DANS LES POCHES QUAND ON PASSE DU TEMPS AVEC SES AMIS

PAS D'E-MAIL, DE TÉLÉPHONE ET DE TRAVAIL APRÈS 22 H

PAS D'ÉCRAN DANS LA CHAMBRE

PAS D'ÉCRAN PENDANT LES REPAS

Merci

Trouvez votre RYTHME

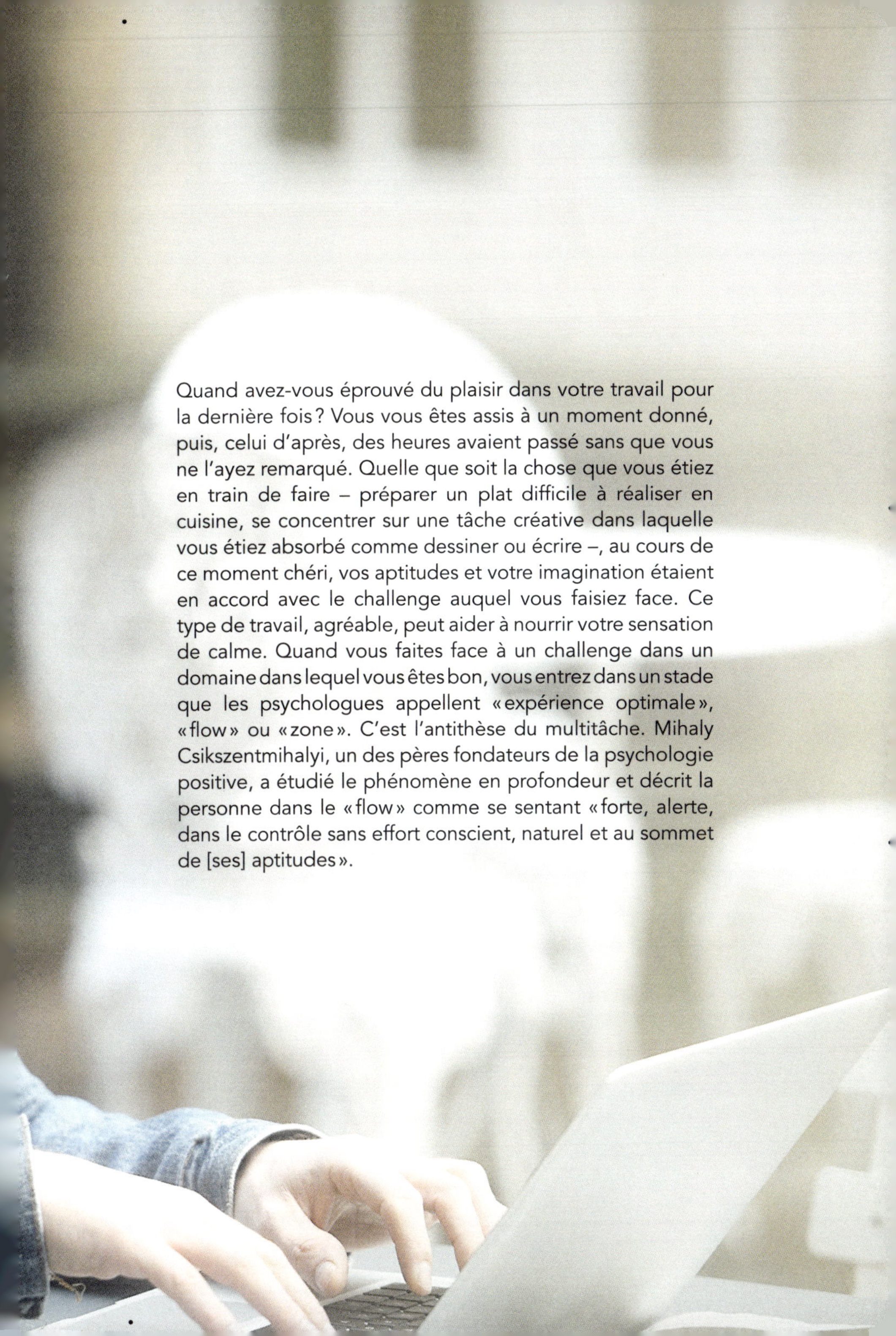

Quand avez-vous éprouvé du plaisir dans votre travail pour la dernière fois ? Vous vous êtes assis à un moment donné, puis, celui d'après, des heures avaient passé sans que vous ne l'ayez remarqué. Quelle que soit la chose que vous étiez en train de faire – préparer un plat difficile à réaliser en cuisine, se concentrer sur une tâche créative dans laquelle vous étiez absorbé comme dessiner ou écrire –, au cours de ce moment chéri, vos aptitudes et votre imagination étaient en accord avec le challenge auquel vous faisiez face. Ce type de travail, agréable, peut aider à nourrir votre sensation de calme. Quand vous faites face à un challenge dans un domaine dans lequel vous êtes bon, vous entrez dans un stade que les psychologues appellent « expérience optimale », « flow » ou « zone ». C'est l'antithèse du multitâche. Mihaly Csikszentmihalyi, un des pères fondateurs de la psychologie positive, a étudié le phénomène en profondeur et décrit la personne dans le « flow » comme se sentant « forte, alerte, dans le contrôle sans effort conscient, naturel et au sommet de [ses] aptitudes ».

Trouvez votre zone de Sérénité idéale

Vous aimez travailler ? Peut-être cherchez-vous à changer de carrière professionnelle mais ne savez pas par où commencer. Regardez ce diagramme de Venn afin d'identifier votre zone idéale. Une fois que vous l'avez (quel que soit ce qui occupe votre zone de sérénité idéale), vous aurez identifié votre objectif professionnel personnel.

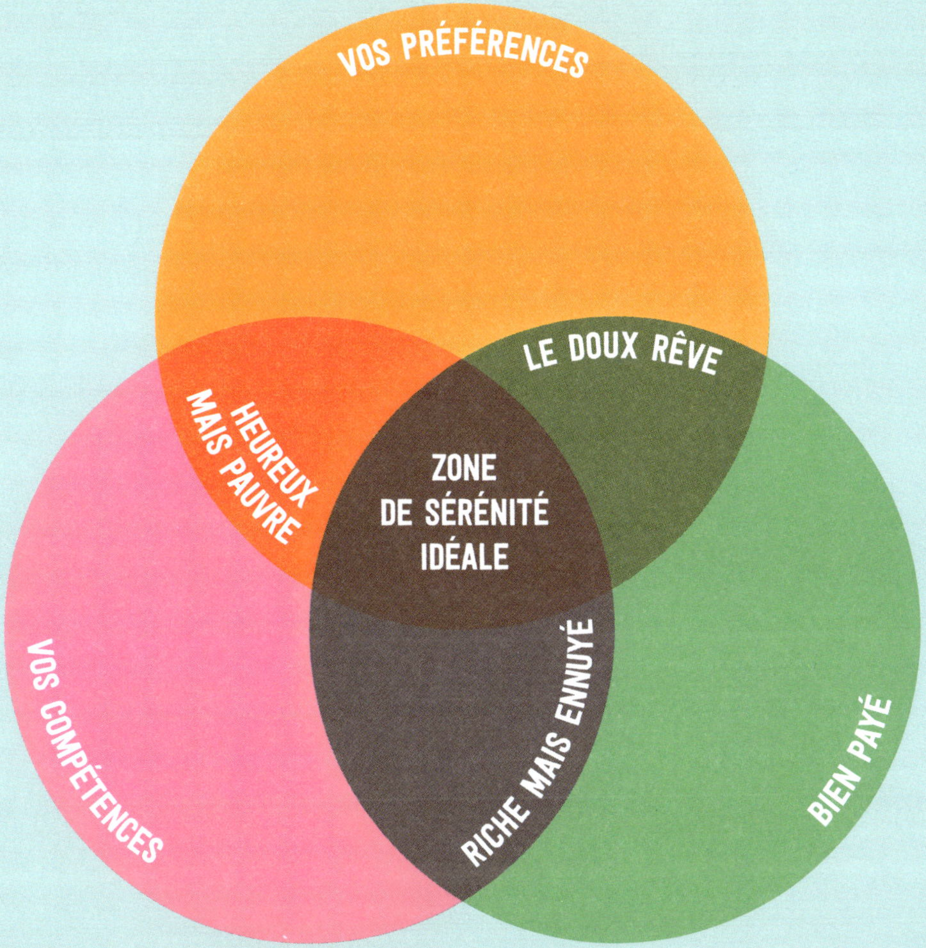
VOS PRÉFÉRENCES
LE DOUX RÊVE
HEUREUX MAIS PAUVRE
ZONE DE SÉRÉNITÉ IDÉALE
VOS COMPÉTENCES
RICHE MAIS ENNUYÉ
BIEN PAYÉ

Changez de mot de passe, changez de vie

Combien de fois par jour tapez-vous votre mot de passe sur votre clavier d'ordinateur ? Devoir en changer régulièrement est une des nécessités exaspérantes de la vie de bureau. Et si vous décidiez de vous réapproprier votre mot de passe afin de l'utiliser comme un mantra des temps modernes, vous assurant ainsi de rester concentré sur votre plus grand objectif ? Cela pourrait être « SEFAIREDENVX@MIS », « ECONOM!SEPOURLESK! » ou encore « WKDPEPOOZ@LAMAISON ». Ce qui rend cette méthode géniale est la possibilité de modification infinie. C'est une opportunité de toucher une fois de plus votre subconscient grâce à un rappel attentionné.

New password:
ECONOM!SEPOURLESK!
Verify:
••••••••••••••
Password hint:
(Recommended)
encore quatre mois
avant les vacances!
Reset password

DATE

CE QUI M'A APAISÉ AUJOURD'HUI

JE SUIS RECONNAISSANT À

LES TROIS MOMENTS PRÉFÉRÉS DE MA JOURNÉE ?

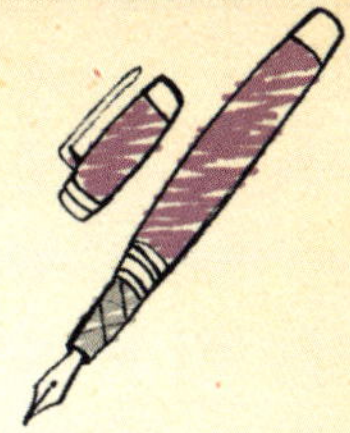

Enf

ants

Observer la pleine conscience en action est très simple : regardez des enfants s'amuser.

Pour observer la pleine conscience en action, c'est très simple : regardez des enfants s'amuser. Que cela soit construire une tour de Lego, un fort fait de coussins, de couvertures et de tout ce qu'ils peuvent trouver dans la maison, ou encore créer un bracelet élastique complexe, leur notion de sérénité et de totale absorption dans leur travail est une merveille à observer.

L'imagination des enfants est une sorte de pouvoir anarchique qui contamine tout sur son passage. Une rangée de chaises vides peut facilement devenir la coque d'un bateau pirate ou les wagons du *Polar Express*; les chiens sont capables de communiquer entre eux dans un langage obscur que les adultes ne savent plus déchiffrer; ou le vieil homme excentrique au bord de la route peut bien être le plus grand sorcier du monde. Un monde dans lequel la restriction pragmatique du « grandis un peu » n'existe pas est un lieu sympathique où il fait bon vivre, et y faire une incursion de temps à autre peut nous aider à revenir au monde réel avec une nouvelle perspective et une sérénité retrouvée.

Les enfants vivent dans l'instant présent. Ils sont naturellement moins stressés et anxieux que les adultes. Passer du temps avec eux et ajuster notre énergie à la leur est un bon moyen de retrouver une sérénité quotidienne. Quel que soit son âge, tout adulte peut apprendre quelque chose de l'attitude des jeunes enfants. Ils possèdent une curiosité débridée naturelle par rapport au reste du monde. C'est une caractéristique qui leur inspire de nouvelles expériences avec un esprit ouvert et léger.

Passer du temps avec des enfants est un raccourci pour l'émerveillement.

De la même façon, en plus de leurs pouvoirs de fantaisie et de créativité, les enfants ont une façon superbe de nous rappeler les petites merveilles qui nous entourent dans la vie de tous les jours, le genre de magie du monde réel qui est devenue invisible pour tant d'adultes. Les pierres et les feuilles peuvent être très belles. L'immensité et le mystère que représente l'espace sont deux notions absolument ahurissantes. La floraison d'une plante, le travail des abeilles et le pouvoir de l'océan sont autant de chefs-d'œuvre indéniables. Nous les avons simplement oubliés. Passer du temps avec des enfants est un raccourci pour l'émerveillement.

Cette conception de la sérénité profitera autant aux enfants qu'à leurs parents.

Les enfants ne sont néanmoins pas immunisés contre les pressions de la vie moderne. Des études montrent que, malgré l'affluence croissante et les avantages évidents de la modernité, les enfants dans le monde développé se sentent plus seuls, plus stressés et plus en colère qu'auparavant. La science tend à prouver que les antidotes au stress des enfants sont les mêmes que ceux des parents : passer du temps dans la nature, bien dormir, jouer de façon créative, profiter de relations familiales et amicales saines. Les enfants bénéficieront de la sérénité tout autant que leurs parents.

Aux États-Unis comme dans d'autres pays, les programmes de pleine conscience dans les écoles montrent des résultats impressionnants. Des organisations telles que la Hawn Foundation avancent à grands pas dans le développement de programmes de pleine conscience dans les salles de classe. La recherche indique que

son programme MindUP – qui inculque des techniques de la pleine conscience aux membres du personnel enseignant mais aussi aux étudiants – aide les enfants à devenir plus positifs, plus attentifs aux autres et moins stressés. Cela permet également d'améliorer leur temps de réaction et leur aptitude d'organisation. Au Wellington College, dans le Berkshire, le directeur, Dr Anthony Seldon, a mis en place des classes de bien-être basées sur l'idée d'Épictète selon laquelle « ce qui trouble les hommes, ce ne sont pas les choses, mais les opinions qu'ils en ont ». En classe, on apprend aux étudiants à prendre conscience de leur structure de pensée et on les encourage à développer compassion et résilience.

Tous les adultes peuvent apprendre de l'attitude des jeunes enfants.

Que vous soyez vous-même parent ou non, vous pouvez apprendre énormément de la curiosité des enfants et de l'attention qu'ils portent au moment présent. En aidant les adultes à se rappeler la façon dont on peut s'amuser, les enfants peuvent raviver notre perception de l'émerveillement et notre malice créative et nous amener à un sentiment d'osmose.

Il a été démontré que la pleine conscience améliore les relations parents-enfants dans les deux sens. Vos habitudes de sérénité bénéficieront ainsi à toute la famille. Votre aptitude à vous montrer plus attentif, engagé dans un dialogue et sensible à ce qu'il vit au quotidien renforcera et améliorera votre relation et le bénéfice sera réciproque : l'enthousiasme unique des enfants et leur sens du divertissement déteindront sur vous.

CE QUE JE PRÉFÈRE FAIRE :

Rien.

COMMENT FAIRE POUR NE RIEN FAIRE?

demanda l'ourson après avoir marché sans but pendant un long moment.

EH BIEN...

QUAND QUELQU'UN T'APPELLE

alors que tu es sur le point de ne rien faire,

TU VAS FAIRE QUOI,

Jean-Christophe?

ET TU DIS...

Oh, rien.

ET ENSUITE TU PARS
ET TU NE FAIS RIEN.

ÇA VEUT DIRE Y ALLER,
ÉCOUTER TOUTES LES CHOSES
QUE TU N'ENTENDS PAS,
ET NE PAS S'EN SOUCIER.

ET NE
PAS S'EN
SOUCIER

Ok,
dit Winnie

Winnie-l'ourson, par A. A. Milne

Faites un bocal à pensées

Pour aider votre enfant à comprendre les avantages d'un esprit plus calme, essayez cette expérience simple.

Trouvez un bocal vide avec un couvercle et enlevez les étiquettes apparentes. Remplissez-le d'eau chaude et ajoutez deux cuillères à soupe de colle pailletée. Mélangez bien et ajoutez ensuite quelques gouttes de colorant alimentaire de la couleur préférée de votre enfant. Vissez fermement le couvercle sur le bocal et secouez-le. Les paillettes représentent l'esprit animé de votre enfant, toutes ses pensées, ses sentiments, ses peurs, ses doutes qui se mélangent et le font se sentir submergé par les émotions. Expliquez-lui que la même chose arrive quand quelque chose le contrarie ou l'énerve. Encouragez-le à secouer l'objet lui-même puis à regarder les paillettes retomber au fond du bocal. Expliquez-lui maintenant que la même chose arrive quand il décide de se calmer, qu'il respire et attend plutôt que d'agir en fonction de la foule de sentiments qui le traversent sur le moment. Pour certains enfants, utiliser le bocal à pensées et le remuer quand ils se sentent tristes ou énervés peut les aider à apaiser leur colère et à faire une pause au lieu de réagir de façon négative.

Joie
Calme
Jeux
Bonheur
Optimisme
Réussir
Détente
Rires
École
Amis
Famille
Travail
Soleil
Souvenirs

Trois choses qui vous ont rendu

Chaque soir, avant que votre enfant n'aille au lit, demandez-lui de citer trois choses qui lui sont arrivées dans la journée et qui l'ont rendu heureux. Puis, demandez-lui de citer trois choses qui le rendent fier de lui-même. C'est un très bon moyen de renforcer l'image de soi et une mentalité positive, et d'être certain qu'il s'endort la tête pleine de pensées agréables. Cela a aussi pour avantage de savoir ce qui a pu se passer au cours de sa journée et ce qui le rend heureux. On peut parfois être surpris ! Partagez avec eux votre propre liste afin de partager vous aussi votre journée.

heureux

1

2

3

LA GALERIE DES

EMPREINTES

Le dessin est une activité que les enfants pratiquent très régulièrement. C'est d'ailleurs un exercice idéal pour se calmer, quel que soit notre âge. Gribouillez un peu, seul ou avec un enfant, grâce à cette galerie d'empreintes et créez un maximum de personnages !

Si nous apprenions
la méditation
à chaque enfant,
la violence du monde
disparaîtrait
en une seule
génération.

-Dalaï Lama-

Rappelez-vous

Vous rappelez-vous, enfant, quand vous regardiez la vie avec un émerveillement sans limites ? La vie était magique et excitante, les plus petites choses vous paraissaient exaltantes. Vous étiez fasciné par un brin d'herbe habillé de givre, le vol d'un papillon, une feuille ou un caillou aux formes étranges.

Vous étiez tout excité lorsque vous perdiez une dent car cela signifiait la venue de la petite souris, et vous comptiez les jours avant la nuit magique de Noël ! Vous n'aviez aucune idée de la façon dont s'y prenait le Père Noël pour rendre visite à tous les enfants du monde, mais il y arrivait et il ne vous oubliait jamais.

Les rennes pouvaient voler, il y avait des fées dans le jardin, les animaux étaient comme les humains, les jouets avaient des personnalités, les rêves devenaient réalité et vous pouviez toucher les étoiles. Votre cœur débordait de joie, votre imagination était sans bornes et vous pensiez alors que la vie était pleine de magie !

Enfant, nous avions cette sensation exquise que tout était bon, que chaque jour était une promesse d'émotions fortes et d'aventures, et que jamais rien ne pourrait mettre fin à la joie que toute cette magie nous procurait. Mais l'enfant est devenu adulte. Les responsabilités, les problèmes et les difficultés ont fait des ravages en apportant leur lot de désillusions. Et la magie à laquelle nous avons cru autrefois s'est estompée et puis a disparu. C'est l'une des raisons pour lesquelles nous aimons la compagnie des enfants, car ils nous permettent de revivre ces émotions que nous avions jadis, ne serait-ce que pour un instant.

The Magic, Rhonda Byrne

« Ceux qui ne croient pas à la

magie

ne la trouveront jamais... »

Roald Dahl

DATE

CE QUI M'A APAISÉ AUJOURD'HUI

JE SUIS RECONNAISSANT À

LES TROIS MOMENTS PRÉFÉRÉS DE MA JOURNÉE ?

CRÉATIVITÉ

Jusqu'à récemment, le concept de créativité était entouré d'un grand mystère.

Jusqu'à récemment, le concept de créativité était entouré d'un grand mystère. Beaucoup considéraient l'expression « génie créatif » comme quelque chose d'inhérent à l'esprit doué de quelques chanceux et que l'imagination de la majorité d'entre nous était bien moins importante et impressionnante. Certains pensaient même ridicule la satisfaction ressentie en imaginant une solution astucieuse à un problème pratique, l'élaboration d'une nouvelle recette de cuisine ou le simple plaisir de dessiner secrètement un étranger dans le train, car bien éloignée des grandes idées de ce monde.

Au cours des dernières années, les avancées dans notre compréhension des neurosciences, de la psychologie et du développement de l'enfant nous ont montré que l'aptitude à la création est une caractéristique fondamentalement humaine, une chose que nous partageons tous et que nous nous devons de mettre en pratique. Et loin d'être un cadeau de la génétique, la créativité est avant tout un talent universel que nous pouvons développer et renforcer.

La créativité est un talent univerel, que nous pouvons développer.

Améliorer son esprit créatif est un des buts de la philosophie de notre mouvement. À travers l'adoption d'une approche calme de la vie, vous accéderez à la libération de votre capacité imaginative naturelle. Et plus vous nourrirez cette facette de votre personnalité, plus vous renforcerez votre sensation profonde de sérénité.

Ralentir mentalement est une des clefs pour libérer sa créativité, selon le psychologue Guy Claxton. Dans son ouvrage *Hare Brain, Tortoise Mind* (*Cerveau de lapin, esprit de tortue*), il explique que nous sommes devenus trop concentrés sur la vivacité d'esprit et les décisions rapides, alors que le meilleur de la pensée créative nécessite du temps et de l'espace. Son hypothèse est la suivante : la confusion et l'ambiguïté, loin d'être des ennemies de la productivité, sont en fait des précurseurs fertiles et amicaux à la pensée originale et aux idées nouvelles. Si on ne laisse pas le temps à ce qu'il appelle l'« undermind » (la pensée du dessous) de se développer lentement, nombre de nos meilleures idées ne peuvent émerger.

Cela nous permet de comprendre pourquoi la méditation est bénéfique à la pensée créative. Il existe de nombreux défenseurs de cette pratique, de David Lynch à Oprah Winfrey, en passant par Emma Watson et Paul McCartney. Et l'étude suivante prouve que les résultats sont immédiats : des chercheurs aux Pays-Bas ont montré qu'après vingt-cinq minutes de méditation, des volontaires sont capables de concevoir beaucoup plus de solutions à un problème donné.

De façon assez intéressante, même si l'idée du *brainstorming* au travail est assez populaire, la recherche met en évidence que les réunions de travail silencieuses au cours desquelles les employés réfléchissent à des idées chacun de leur côté avant de les soumettre ensuite sous forme écrite peuvent mener à des solutions beaucoup plus créatives que les *brainstorming* où tout le monde partage ses pensées oralement. Cela viendrait du fait qu'il est plus facile de se concentrer sur la pensée créative dans un environnement de réflexion calme. Et dans des réunions en groupe, les extravertis ont généralement tendance à écraser les membres les plus silencieux qui peuvent eux aussi avoir de bonnes idées. À l'inverse, l'introspection permet la mise en place d'un climat dans lequel la créativité peut émerger et s'épanouir. Picasso lui-même a dit : « Rien ne peut être fait sans la solitude. »

Picasso lui-même a dit : « Rien ne peut être fait sans la solitude. »

Outre la méditation, il existe d'autres clefs pour fortifier votre côté créatif et le laisser s'épanouir. Par exemple, toujours aller vers l'inconnu, essayer des choses nouvelles, car cela vous force à faire appel à votre imagination. De nombreuses activités créatives comme peindre une nature morte ou jouer du piano sont elles-mêmes des activités de méditation. Dans un exposé récent lors d'une conférence TED, Tim Brown, le P-DG de la firme de design créatif IDEO, a appelé cela «penser avec les mains». Afin d'illustrer les bénéfices potentiels de l'expérimentation créative sans but affiché, il cite l'exemple de Charles et Ray Eames. Ces deux légendes du *design* américain ont commencé leur travail en fabriquant des attelles en contre-plaqué pour des soldats blessés avant de créer des chaises aujourd'hui mondialement connues.

Morale de l'histoire : ne laissez pas votre esprit vous limiter.

Donnez-vous le droit d'expérimenter grâce à votre créativité et voyez où cela vous porte. Une fois que vous aurez laissé parler votre force créative innée, vous pourrez imaginer de nouvelles solutions pour toutes sortes de problèmes, et vous vous trouverez peut-être également une nouvelle passion improbable qui vous apportera joie et sérénité.

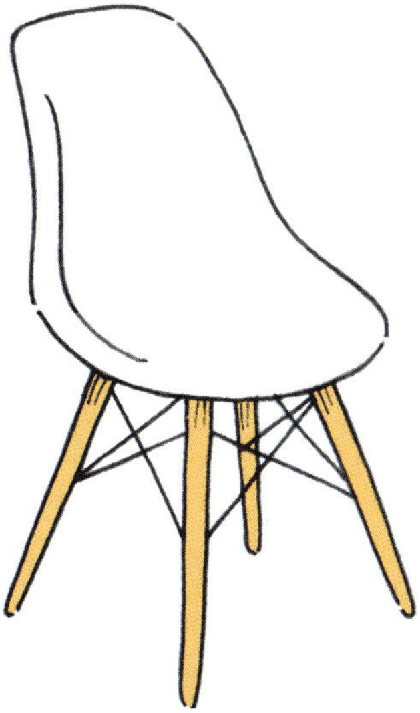

“L'ESPRIT
EST À
SOI-MÊME
SA PROPRE
DEMEURE ;

IL PEUT FAIRE
EN SOI
UN CIEL
DE L'ENFER
UN ENFER
DU CIEL"
JOHN MILTON

COLORIEZ

Le coloriage, réservé autrefois aux enfants et à eux seuls, a subi de profonds changements ces dernières années. Cette activité se targue aujourd'hui d'une nouvelle image de marque sophistiquée. Faites un tour dans la boutique de la Tate Modern à Londres ou du Centre Pompidou à Paris et vous verrez que les livres de coloriage pour adultes ne manquent pas, loin de là. Ils sont conçus dans le but de fournir des heures d'une activité calme et captivante. Dans la tradition bouddhiste tibétaine, le mandala (mot issu du terme sanskrit pour cercle) est une représentation visuelle de l'univers qui aiderait à la concentration en méditation et au sentiment d'équilibre. Les mandalas peuvent prendre des formes, couleurs et styles différents et sont parfois créés en remplissant des gabarits de sable coloré sur une table, ou peuvent être peints sur un rouleau de papier. En voici un que vous pouvez colorier.

Méditation et créativité

Asseyez-vous dans une position confortable, le dos bien droit, et concentrez-vous sur votre respiration. Ressentez l'air frais qui entre dans vos narines en inhalant et la chaleur qui en ressort quand vous expirez. Quand votre respiration ralentit et que votre corps se détend, imaginez une lumière dorée brillant au-dessus de votre corps et voyez son scintillement descendre sur vous, remplissant petit à petit chaque cellule de votre être, du haut de votre tête jusqu'au bout de vos orteils. Cette énergie thérapeutique, guérissante, vous emplit d'une sensation de paix.

Quand cette lumière aura empli chaque centimètre carré de votre corps, sentez votre poids se réduire. Imaginez-vous quitter le sol et flotter vers le ciel. Vous êtes maintenant aussi léger qu'une plume, libre des lois de la pesanteur, volant au milieu des nuages.

Depuis ce point de vue aérien, remarquez à quel point vous vous sentez paisible, calme. Puis portez le regard plus bas, vers la terre.

Prenez un moment pour penser à un objectif qui vous est important : une idée de nouvelle carrière professionnelle, un objet que vous aimeriez créer. Puis tendez le bras et lâchez une perle de lumière au sol. Alors qu'elle tombe plus bas, elle représente votre graine d'intention.

Notez la façon dont votre corps regagne en lourdeur alors que vous vous rapprochez petit à petit du sol. Ramenez votre attention à votre respiration et ouvrez les yeux.

“Vous ne pouvez pas épuiser la créativité. Plus vous l’utilisez, plus vous en avez”.

Maya Angelou

Le POUVOIR de la Calligraphie

La calligraphie est un art qui requiert concentration et précision. Le mot lui-même évoque des images d'anciens sages chinois et japonais, des parchemins d'autrefois dans des musées ou des pinceaux antiques. Mais la calligraphie a, de façon assez surprenante, de nombreux défenseurs aujourd'hui. Steve Jobs attribuait à ses cours de calligraphie le pouvoir de libérer sa pensée créative. Dans certaines cultures, il est dit que l'écriture offre un aperçu unique dans la personnalité et l'esprit.

Essayez-vous à la calligraphie

Apprendre une nouvelle compétence créative, que cela soit la poterie, la danse ou la broderie, peut avoir un effet calmant fort. Ces activités de création vous aideront également à développer votre aptitude à la concentration. Elles sont le remède idéal à la distraction, des méthodes créatives d'expression de soi aux vertus cathartiques. Il n'est donc pas étonnant que la thérapie par l'art soit si fréquemment utilisée dans le traitement de la dépression, de l'anxiété et des troubles déficitaires d'attention avec ou sans hyperactivité (TDAH). La concentration intense dans laquelle vous vous trouvez quand vous êtes dans la « zone » apaise votre esprit et vous procure un sentiment de relaxation et de retour au calme.

Développez vos talents créatifs

jazz
soul
blues
classique
spoken word
dance
indie
world
pop
rock
60s
reggae

Que vous vous sentiez surchargé au travail, anxieux ou déprimé, écouter votre chanson préférée vous fait du bien. Mettez la main sur un disque que vous appréciez et amenez-le sur la platine vide de cette page comme si vous aviez un écran tactile sous les yeux. Laissez votre doigt posé légèrement sur le papier. Fermez ensuite les yeux et imaginez que votre musique préférée est jouée dans un son de qualité irréprochable.

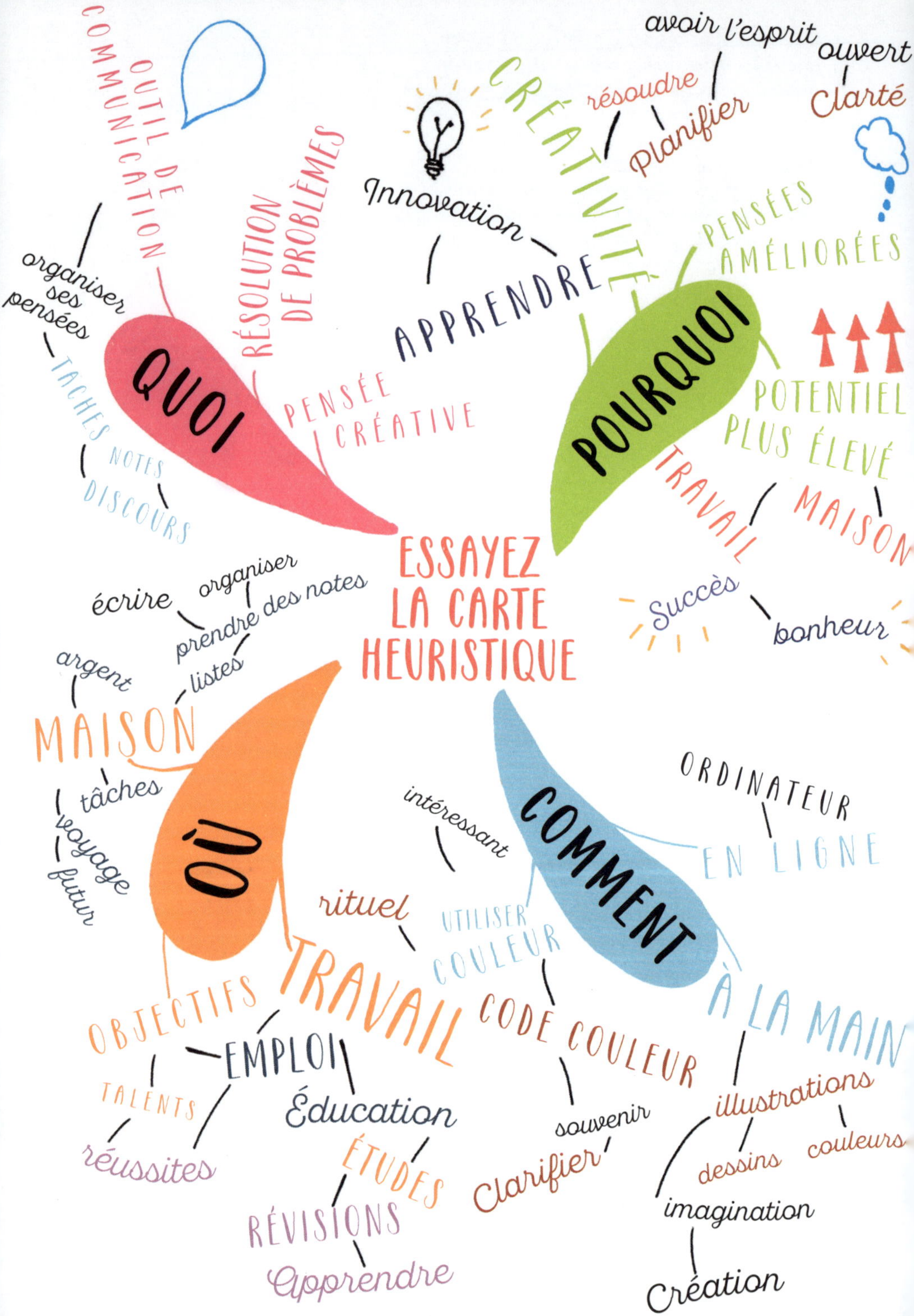
ESSAYEZ LA CARTE HEURISTIQUE
QUOI
OUTIL DE COMMUNICATION
RÉSOLUTION DE PROBLÈMES
organiser ses pensées
TACHES
NOTES
DISCOURS
PENSÉE CRÉATIVE
APPRENDRE
Innovation
CRÉATIVITÉ
résoudre
Planifier
avoir l'esprit ouvert
Clarté
POURQUOI
PENSÉES AMÉLIORÉES
POTENTIEL PLUS ÉLEVÉ
TRAVAIL
MAISON
Succès
bonheur
écrire
organiser
prendre des notes
listes
OÙ
MAISON
argent
tâches
voyage
futur
TRAVAIL
OBJECTIFS
EMPLOI
TALENTS
réussites
Éducation
ÉTUDES
RÉVISIONS
Apprendre
rituel
intéressant
COMMENT
ORDINATEUR
EN LIGNE
UTILISER COULEUR
CODE COULEUR
souvenir
Clarifier
À LA MAIN
illustrations
dessins
couleurs
imagination
Création

Faites une carte heuristique

La carte heuristique est une sorte de *brainstorming* visuel dans lequel les notes sont arrangées autour d'un point central afin d'explorer un problème ou une idée. Cette technique s'est révélée bien plus efficace pour exploiter la pensée créative qu'une liste linéaire. C'est aussi un meilleur format de prise de notes. Si vous utilisez une combinaison de mots et d'images, vous avez jusqu'à six fois plus de chances de vous rappeler ce que vous avez écrit par rapport à un texte écrit, standard. Pensez à cette carte comme à une toile d'araignée, avec la pensée principale, la question ou le problème au centre de cette toile. Tissez des fils du centre vers l'extérieur, de l'idée principale à différents aspects de cette idée. Utilisez différents stylos de couleur, dessinez des choses simples pour bien vous rappeler ce que vous avez imaginé.

Racontez une histoire

Quand avez-vous écrit une histoire pour la dernière fois ? Laissez libre cours à votre imagination. Voici quelques phrases d'aide afin de débuter votre propre conte :

Il était une fois, loin dans une forêt, un vieil homme qui vivait en ermite, jusqu'à ce qu'un jour...

Le chemin sur lequel il déambulait était envahi par la végétation et accidenté...

Depuis la route, le son d'un rire provenant de la fête lui fit l'effet d'un...

JEUX DE MOTS

La créativité implique souvent la combinaison de deux idées qui semblent pourtant bien éloignées l'une de l'autre. Aussi étrange que cela puisse paraître, jouer avec les mots peut créer l'étincelle dont votre imagination a besoin. Essayez de prendre deux mots au hasard de la page et formez-en un nouveau. Passez un moment à penser à la nouvelle expression que vous venez de créer. Quelle est sa signification ? Est-ce que cela pourrait être le nom d'un nouveau produit ou d'une entreprise pionnière ? Peut-être qu'il deviendra le refrain d'une chanson ou le surnom d'un futur amant. Essayez, qui sait ce qui en ressortira ?

esprit

magie

chanceuse

fantôme

heureux

rêver

chapeau

saucisse

zèbre

pingouin

Trouvez la sortie du labyrinthe avec votre doigt, empruntez la voie qui mène à la sérénité.

Fin

DATE

CE QUI M'A APAISÉ AUJOURD'HUI

JE SUIS RECONNAISSANT À

LES TROIS MOMENTS PRÉFÉRÉS DE MA JOURNÉE ?

NOURRITURE

Passez-vous votre pause déjeuner assis à votre bureau ?

Passez-vous votre pause déjeuner assis à votre bureau ? Vous achetez souvent un croissant et un café sur le pouce ? Vous vous retrouvez seul le soir à manger un plat réchauffé de la veille ? Les repas sont des opportunités en or pour faire un *break* dans la journée et s'échapper du monde professionnel. Ils sont l'excuse idéale pour profiter d'une pause nutritive. Malheureusement, beaucoup ne les considèrent que comme un dérangement nécessaire. Nous sommes passés de la règle des trois repas par jour à celle du « manger quand on peut et où on peut ».

Avaler nos repas à la va-vite est mauvais pour nous, et cela pour plusieurs raisons. Quand nous mangeons rapidement, sans mâcher comme il faudrait, notre estomac n'a pas le temps de produire les enzymes nécessaires à une digestion saine. Nous avons non seulement plus de chances de souffrir d'indigestions, mais des études montrent également que nous mangeons beaucoup plus que nécessaire quand nous ne sommes pas concentrés sur notre repas. Et nous renonçons au plaisir de manger par la même occasion.

Plus largement, être isolé des besoins basiques de notre organisme est symptomatique d'une relation de désaccord entre l'esprit et le corps. Bien manger et le rituel qui est associé à la prise de repas ont toujours été très importants à travers les âges et les cultures. De la vénération des Français pour la nourriture avec leur règle des trois repas (et une moyenne de 2h22 par jour passée assis à manger selon une étude de 2010) à la conception italienne du repas comme ciment de la structure familiale, cuisiner est au cœur de nombreuses cultures. De la Scandinavie au Sahara, les festins marquent la fête partout dans le monde, que cela soit pour des raisons religieuses, des anniversaires, des mariages, ou un week-end entre amis. La recherche montre que les familles qui prennent le temps de s'asseoir autour d'un repas, régulièrement, sont plus heureuses et moins sujettes à l'obésité que celles où chacun mange dans son coin. Dans le même ordre d'idée, les cultures où l'on mange le plus souvent seul, comme aux États-Unis et au Royaume-Uni, ont un taux d'obésité plus élevé.

Les familles où l'on mange ensemble, assis, ont moins de chances de souffrir d'obésité.

Mais malgré tout cela, la pensée majoritaire reste ancrée dans l'idée des années 1980 quand on en vient à parler des déjeuners au travail. Nous avons tous un peu absorbé le diktat de Gordon Gekko selon lequel « manger, c'est pour les mauviettes ». L'idée de déjeuner en conversant avec un collègue ou un ami est aujourd'hui considérée comme une habitude de flemmard. Et quand bien même vous arriveriez à mettre le pied hors du bureau le midi, je tiens à parier que vous garderez votre téléphone avec vous.

Selon une étude récente, plus d'un tiers des employés américains mangent régulièrement leur déjeuner assis à leur bureau. Avec les collègues alentour qui gardent les yeux rivés à leur écran, il n'est pas simple de se lever et d'aller chercher un sandwich pour, dans le même temps, en profiter et s'étirer les jambes (même si vous savez très bien que c'est ce dont vous avez besoin si vous voulez être productif dans l'après-midi).

Bien sûr, c'est une fausse économie. Quand vous prenez une pause pour contrecarrer la faim, vous répondez à un besoin physiologique car vous êtes mentalement et physiquement à bout de souffle. Quand le taux de sucre dans le sang est à son plus bas, comme quand vous avez faim, vous avez plus de chances de vous sentir irrité, énervé, léthargique. Aucun de ces sentiments ne vous aidera, que vous soyez en plein travail ou en pause détente.

Redécouvrez le plaisir simple de cuisiner un repas de A à Z.

Redécouvrez le charme de façonner un plat selon votre envie du début à la fin, d'y ajouter les saveurs qui vous font saliver. Ajoutez un peu de ci, un peu de ça, mélangez, faites bouillir, pas trop fort… tout cela apporte sérénité et réconfort à l'esprit. Cuisiner est une expérience sensorielle – particulièrement dans le cas de la pâtisserie. Le pétrissage et la décoration de pâtes et de tartes est une forme différente d'activité créative qui aura les mêmes bienfaits que le dessin ou la poterie. Et les délicieuses odeurs qui en émaneront vous rendront meilleur! En effet, une étude française a montré que les actes de bonté spontanés pour des étrangers étaient souvent déclenchés quand des gens étaient exposés à des odeurs de pain fraîchement cuit.

On pense que cette corrélation étrange provient des souvenirs que le pain tout juste cuit ou la vanille, par exemple, peuvent éveiller en nous, que cela soit une image de la boulangerie où nous allions enfant avec nos parents ou un saladier plein de crème au chocolat que l'on finissait à la petite cuiller. Redécouvrir le plaisir de cuisiner tient de la nostalgie. Recréer les plats de votre enfance peut vous aider à vous sentir mieux, plus heureux. Cette activité vous laissera avec le sentiment décrit par Oliver Twist dans la comédie musicale *Oliver!* quand il mange à sa faim et qu'il se sent rassasié, heureux, calme, serein.

“La bonne

EST -LA-

DU ♥ vé

BON

AUGUST

nourriture

BASE

ritable

HEUR"

ESCOFFIER

Le rituel

du thé

« 18 heures approchent. Je sens l'heure arriver. Pas aussi intensément que les enfants sentent l'heure d'ouvrir leurs cadeaux arriver à la veille de Noël, mais bouillonnant de la même façon. À 18 heures pile, je bois du thé. C'est une célébration joyeuse dénuée de déception dans cette existence en souffrance. Quelque chose qui vous aide à vous rendre compte que vous avez le pouvoir du bonheur serein dans les mains. La simple action de verser l'eau fraîche dans ma belle et grande théière d'un demi-litre en nickel m'emplit de joie. J'attends patiemment qu'elle se mette à bouillir, à l'affût du chant de l'eau bouillonnante.

J'ai un énorme mug rond et profond de couleur rouge brique et de marque Wedgwood. Le thé de Café Central sent les prairies de campagne.

Le thé a une teinte jaune dorée, comme de la paille fraîchement coupée. Il ne devient jamais trop marron mais reste léger et délicat. Je le bois attentivement et très doucement. Le thé a un effet stimulant sur mon système nerveux. Tout dans la vie semble être plus supportable et plus léger ensuite.

Boire mon thé de six heures du soir est une activité qui ne semble jamais perdre son pouvoir sur moi. Chaque jour, je l'attends aussi intensément que le jour précédent et quand je le bois, mon corps l'accueille avec amour. »

Sonnenuntergang im Prater, Peter Altenberg

Dégustez un carré de chocolat et un seul

D'abord, déballez le chocolat de son papier. Faites bien attention au bruit de l'aluminium entre vos mains et au son du chocolat qui se brise quand vous en prenez un morceau.

Observez sa couleur puis amenez-le vers vos narines, conscient du mouvement de votre bras, et inhalez profondément afin de sentir son arôme.

Placez le chocolat entre votre pouce et votre index. Que ressentez-vous ? Intéressez-vous à sa température. Est-il moelleux ? Vous glisse-t-il entre les doigts ?

Notez votre anticipation ou son absence quant à la dégustation de ce chocolat. Est-ce difficile de résister à l'envie de le mettre dans votre bouche ?

Maintenant, fermez les yeux et approchez le chocolat de vos lèvres, placez-le lentement sur votre langue. Laissez-le fondre un moment dans votre bouche. Pouvez-vous décrire la saveur ?

Utilisez votre langue pour déplacer doucement le chocolat dans votre bouche, entre vos dents, et mordez finalement dedans. Prenez conscience de l'explosion de saveurs sur votre palais. Mâchez doucement et avec attention.

Notez la façon dont déguster ainsi intensifie l'expérience sensorielle que la nourriture peut provoquer en vous. Porter son attention sur le goût de cette façon force vos sens à s'éveiller différemment.

Rien n'est plus délicat que le chocolat.

RIEN
N'EST PLUS
DÉLICAT
CHOCO
QUE LE
CHOCOLAT

Des Recettes

Soupe de nouilles au poulet **:** un bol de bouillon de poulet bien chaud est une chose incroyablement puissante. Cela rappelle des souvenirs d'enfance, des jours d'école passés à la maison avec le nez qui coule, emmitouflé dans des couvertures, sur le canapé, lorsque nous étions au centre de l'attention de toute la famille. Les saveurs sont simples mais profondes et savoureuses, chaudes et réconfortantes, pourtant jamais indigestes. Utilisez une recette classique comme base à n'importe quelle nourriture qui vous inspire et ajoutez-y du gingembre, du piment ou du soja pour apporter un côté asiatique à votre plat ou essayez des tomates coupées, du parmesan râpé et de la crème pour lui donner une saveur méditerranéenne.

À SAVOURER

Un bon gâteau écossais aux fruits confits, par exemple. Ou n'importe quel gâteau, en fait.

Du riz au lait : soit vous adorez, soit vous détestez. Si vous êtes adeptes, vous savez qu'un bon bol de riz au lait chaud avec un peu de cannelle ou de muscade vous apporte toujours le réconfort dont vous avez besoin.

De la confiture faite maison ou de la marmelade sur du pain grillé : il est tellement simple de faire de la confiture, et c'est tellement satisfaisant et tout simplement bon ! Pourquoi ne pas s'essayer à la confiture de mûres ou créer votre propre gelée de pétales de rose ? Savoir que vous ne pourriez jamais en acheter en magasin ne fera que renforcer le plaisir d'y goûter.

Du très bon pain : encore meilleur si vous le faites vous-même (le pain brioché est très simple à réaliser).

De la sauce bolognaise : plus vous prenez de temps pour la préparer, plus elle sera savoureuse. N'oubliez surtout pas les feuilles de laurier, une bouteille de bon vin rouge et un délicieux bouillon.

AJOUTEZ *maintenant* VOS RECETTES *préférées*

L'art DE LA TABLE

Mettre la table, loin d'être une corvée, peut aussi être un heureux acte d'anticipation, un précurseur agréable au plaisir gustatif à venir. Choisir les couverts appropriés, plier d'épaisses serviettes en lin, ou céder à la tentation de faire de belles figurines en origami avec des serviettes en papier force l'admiration des convives profitant d'un repas durement préparé. S'assurer qu'une table est belle, avec un bouquet de fleurs cueillies à la main ou des bougies scintillantes éparpillées, peut faire d'un repas banal une véritable célébration. Cela montre à vos invités que vous les portez dans votre cœur, donne un sujet de conversation et apporte du plaisir.

« La véritable définition de la COMFORT FOOD

RÉSIDE DANS LE TEMPS PASSÉ À CUISINER, ALORS VITE OUBLIEZ LE SACROSAINT RITUEL DE LA CUISINE, CHOISISSEZ UNE RECETTE CHÈRE à votre COEUR METTEZ VOTRE musique PRÉFÉRÉE ET LAISSEZ-VOUS ALLER. PROFITEZ DE L'INSTANT ET FAITES QUELQUE CHOSE

Jamie

DONT VOUS ÊTES VRAIMENT FIER

ET BIEN SÛR N'OUBLIEZ PAS L'INGRÉDIENT SECRET

L'AMOUR

PARTAGEZ CE PLAT AVEC VOS PROCHES ET PRENEZ LE TEMPS DE

Profiter ET DE VOUS Rappeler CET INSTANT"

Oliver

Un esprit sain
dans un corps sain

Si vous vous battez depuis toujours contre les mêmes quelques kilos en trop que vous pensez avoir, il est peut-être temps de changer la façon dont vous pensez la nourriture. L'hypnose, qui a montré de très bons résultats dans la perte de poids, fonctionne de cette manière : elle vous entraîne à manger avec soin, conscience, et vous permet de réajuster l'attention que vous portez à votre sentiment de satiété. Pratiquer une méditation de la nourriture comme celle du chocolat (page 204) peut vous aider à ouvrir votre esprit à devenir mieux conscient de ce que vous mangez.

Selon la recherche, cela prend vingt minutes au cerveau pour enregistrer la satiété. Manger rapidement ou en regardant la télé ou encore en travaillant est le meilleur moyen de consommer plus que ce qui est nécessaire. Et quand vous n'êtes pas concentré sur votre repas, votre système digestif est comme mis sur pause, de la même façon que lorsque vous vous préparez à combattre ou à fuir. Vous ne digérez donc pas votre nourriture aussi bien que pendant un repas calme au cours duquel vous prenez votre temps pour déguster les aliments qui vous sont présentés.

DATE

CE QUI M'A APAISÉ AUJOURD'HUI

JE SUIS RECONNAISSANT À

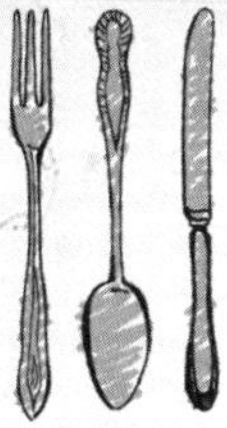

Les trois moments préférés de ma journée ?

Une dernière pensée…

Un des nombreux avantages de la sérénité réside dans le développement d'une approche plus positive du monde.

Le bonheur peut prendre des formes différentes mais ce sont souvent les petits moments de joie qui ont le plus d'impact. Voici une liste de quelques-unes des choses que nous préférons, mais utilisez la page suivante pour y inscrire les vôtres, même si elles peuvent parfois paraître insignifiantes, bizarres ou hors de propos. À l'avenir, un simple coup d'œil à votre liste vous fera sourire.

- Des chaises confortables dans une librairie
- Des papillons
- Dévisser le couvercle d'un pot
- Un nouveau tube de dentifrice
- Des bonbons
- Des photos Polaroid
- Une feuille de papier vierge et un crayon bien taillé
- Des pastèques
- L'atmosphère après la foudre
- Résoudre un puzzle compliqué
- Des petits mots gentils sur des Post-it
- Être réveillé par la lumière du soleil
- Se tenir près d'une cascade
- Dormir dans une couchette de train de nuit
- Des histoires de fantômes
- L'édition papier du journal du dimanche
- Du beurre fondant sur un épi de maïs
- Des cache-oreilles
- Dessiner des anges allongés dans la neige
- Des montagnes russes en bois
- Des cils d'enfant
- Faire du pop-corn
- Une tomate bien mûre
- Un bon vieux film

Mes petits instants de joie

Ruban

Vous en êtes à la fin de ce livre, mais votre voyage vers la sérénité continue. Rappelez-vous que les changements les plus simples peuvent faire la différence. Afin de vous aider à progresser, coupez le ruban bleu qui sert de signet à ce livre et attachez-le à votre poignet. C'est un symbole simple de sérénité qui peut vous ramener à ce que vous avez appris quand vous en avez besoin et que vous sentez que vous vous égarez.

THE COMMON
READER
VIRGINIA
WOOLF

Origami

Si vous regardez le monde avec plus d'attention, vous verrez ce que les autres manquent de voir.

Ce livre a un atout caché : sur les bords de chaque page, vous trouverez des petits points noirs. Ils forment un code secret. En commençant au début du livre, pliez les coins des pages depuis ces points jusqu'à la reliure. Ils vous indiquent la façon d'aligner les plis et sont tous placés différemment selon la page et la forme que celle-ci prendra. Pliez chaque feuille avec attention et détermination, en apportant votre totale concentration à cette tâche simple. Travaillez ce livre page après page. Votre esprit est maintenant clair et calme.

Une fois cette mission terminée, vous aurez transformé votre livre en quelque chose de nouveau : une structure unique et un beau souvenir de votre voyage personnel vers la sérénité.

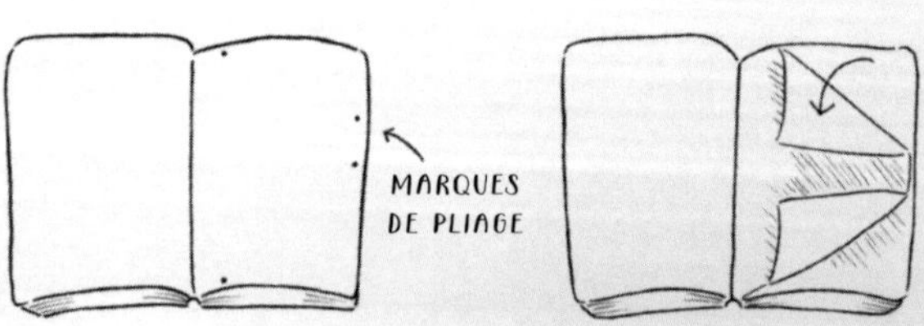

"Je ne puis vous donner pour réponse que des remerciements, des remerciements et toujours des remerciements."

William Shakespeare, *La Nuit des rois*
Acte III, scène III

Beaucoup de personnes incroyables ont contribué à la naissance de ce livre et je souhaiterais grandement remercier chacune d'entre elles : Kathryn Parsons, Malcolm Scovil, Shed Simove, Alex Will, Neil Porter, Enes Alili, Steve Henry, Gurminder Panesar, Matt Shone, Ben Downling, Kate Pruitt, Samo Kralj, Paul Laughrige, Malcolm Tew, Christine Tew, Mike Tew, Will Tew, Nick Sullivan, Colette Smith, Charles Smith, Anna Acton, Ben Hull, Marie Parsons, James Parsons. À mes amis chez Penguin, Venetia Butterfield, John Hamilton et le studio de création (Sarah, Alison, Jess, Richard, Chris, Gill et Alice), Caroline Pretty et Hermione Thompson. Merci infiniment à Tamara Levitt pour m'avoir fourni toutes ces merveilleuses méditations. Alex et moi aimerions également remercier tous les fans de l'application Calm et ceux qui ont acheté le livre. Bienvenue dans ce mouvement! S'il vous plaît, impliquez-vous. Nous serions ravis de lire vos commentaires et conseils, n'hésitez donc pas à rejoindre la communauté en ligne (@calmdotcom) ou trouvez-nous sur Twitter : Alex (@tewy) et moi-même (@acton).

La vie est faite de ceux qui la composent. Il y a tant de personnes qui contribuent à votre monde, par de petites comme de grandes actions. Vous n'avez pas toujours le temps de faire une pause et de les remercier pour tout ce qu'elles font.

Voici un peu d'espace pour que vous preniez le temps de remercier celles et ceux qui vous ont aidé. Pourquoi ne pas leur écrire un petit

Merci